JN238564

陽岱鋼
メッセージBOOK

陽思考

陽 岱鋼 著

廣済堂出版

FIGHTERS

FIGHTERS

Daikan!

YOH

DAIKAN YOH MESSAGE BOOK

陽岱鋼

メッセージBOOK

――陽思考――

まえがき

「名は体を表す」

人や物の名前はその本質を言い表しているという意味の日本のことわざですが、陽という苗字は、本当に僕にぴったりな気がします。「明るい」「太陽」「暖かい」など、陽という字はプラスのことを連想させますからね。今の僕はプラス思考＝陽思考で、常に前向きにプレーできています。

もちろん、野球をやっていれば、どんな選手でもミスやうまくいかないことはあります。かつてはそれで落ち込んでしまったり、挫折を感じて野球をやめてしまおうと考えたこともありました。

でも、まわりの人の助けもあり、最後は自分の可能性を信じてハードルを乗り越えてきました。

失敗を引きずって立ち止まってしまっては前に進むことはできません。ましてや試合は常に動いていますから、ミスをしたとしても、

「まだ次がある。次のプレー、次のプレー」

と、いつも自分に言い聞かせています。

バッティングなら、10回のうち3回ヒットを打てれば一流と呼ばれる世界です。裏を返せば、7回は失敗します。いかに気持ちを切り替えられるかが重要だと思います。前を向いて、先を見る。反省は大切ですけど、それは試合のあとで行えばいいこと。よく試合中に笑顔でいると言われますが、ポジティブシンキングでプレーしているから、楽しくなってくるのです。

とくにここ2年間は、そういうふうに自分の気持ちをコントロールできるようになり、選手として成長できている実感があります。

そんな僕の考え方に、少しでもみなさんに共感してもらえればうれしいです。

陽《よう》 岱鋼《だいかん》

目次
Contents

第3章

陽一家 ～家族の絆～

第4章

陽《ひ》陰《か》げ ～苦悩～

第5章 陽気質

第6章 陽《ひ》の差すほうへ

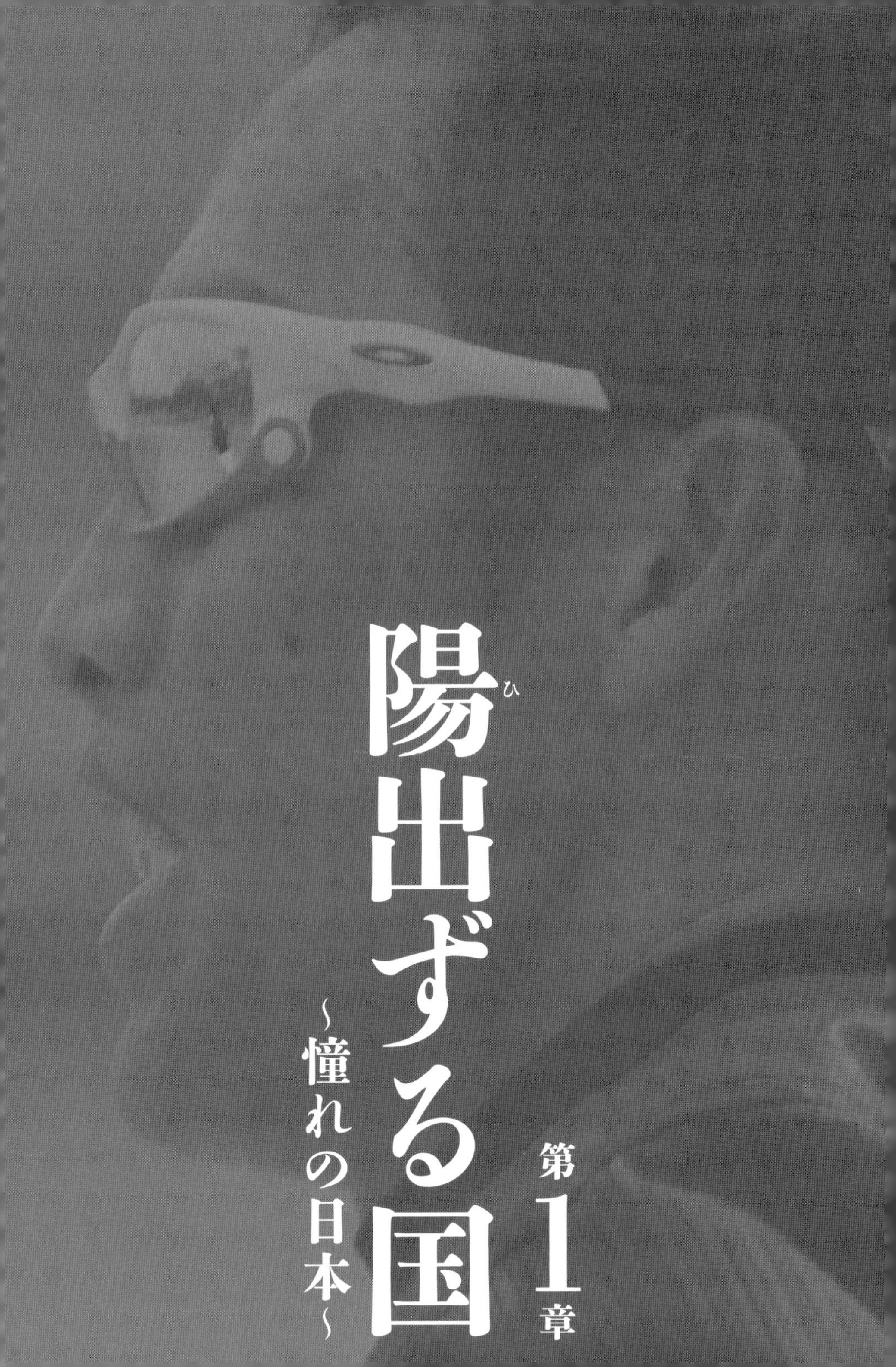

第1章 陽《ひ》出ずる国 ～憧れの日本～

台湾代表と日本

「僕を育ててくれた日本の代表とぜひ戦いたい。台湾代表のユニフォームを着てプレーする姿を日本のファンにも見てもらいたい」

第3回WBC(ワールド・ベースボール・クラシック)で台湾代表に選ばれ、僕の中では第1次ラウンドを勝ち抜いて日本代表と対戦することが大きな目標の1つでした。前回、台湾代表に選ばれた2007年11、12月の北京五輪アジア地区予選を兼ねた第24回アジア野球選手権大会では、代打による1打席のみ(内野安打)の出場しかできなかったので、レギュラーを取れるようにオフからハイペースで調整して臨みました。

13年3月2日、強い気持ちを胸に迎えた初戦のオーストラリア戦。1番ライトでスタメンに選んでもらいました。1回裏の第1打席、初球からバットを強振しました。打球はライナーでレフト前へ。地元台湾の台中《タイジョン》インターコンチネンタル球場で行われていたこともあり、大きな歓声に押されながら一塁へと向かいました。本当にうれしいヒットでした。その後、バントとヒットで先制のホームを踏むと、主導権を握ったチームも4対1で快勝。幸先のいいスタートが切れました。

翌3日のオランダ戦では2回表に3点を先制されましたが、その裏に1点を返し、4回裏には4点を奪って5対3と逆転。僕も犠牲フライで5点目をマーク。さらに6回裏にはライトへダメ押しの2ラン。8対3の完勝でした。

2勝していましたが、負け方によっては第1次ラウンドでの敗退の可能性もあった大事な韓国戦（3月5日）。僕はオランダ戦と同じく1番レフト、そして先発ピッチャーはいちばん上の兄の陽耀勲《ヤン・ヤオシュン》（福岡ソフトバンクホークス）でした。チームはもちろん、兄を助けるためにも先制点が欲しかったです。0対0の3回表。先頭打者だったので、なんとしてでも出塁しようと思っていました。打球はショートへのゴロでしたが、全力疾走し、最後は一塁へヘッドスライディング。内野安打をもぎ取りました。2死からセンターへのヒットが出て、野手がファンブルしている隙《すき》を突いて一気に生還しました。兄は指のマメの影響で2回3分の2を無失点で降板しましたが、4回表には2死二塁からタイムリーヒットを打って2対0。試合の流れをつかむことに成功しました。

しかし、試合は2対3の逆転負けとなり、オランダ、韓国とともに2勝1敗となりましたが、得失点率の差でB組1位となって第2次ラウンド進出。個人的にもB組MVPをいただきました。

主力として出場した06年に台中で開催された第16回IBAFインターコンチネンタルカップではホームランを2本打ちましたが、ショートでエラーばかりしてしまい、台湾のファンに悪いイメージを残してしまっていました。

それを払拭《ふっしょく》したい。成長した姿を見せたい。日本と戦いたいというだけでなく、そうした気持ちも強く持っていただけに、今大会にかける思いは人一倍のものがありました。

待望の日本との試合は第2次ラウンドの初戦にいきなり実現しました。結果はみなさんもご存じのとおり、延長10回4対3で日本が勝利しましたが、終盤までは台湾がリードする展開で、互角の勝負ができたと思います。

結局、台湾はこのラウンドで敗退となりましたが、素晴らしい経験ができましたし、今後の成長にもつながる大会になったと思います。

「台湾代表」と「日本」。2つのキーワードが初めてまじわったのは新生《シンション》国民小学校6年生のときでした。学校のチームが全国大会で2位に入り、小学生の台湾代表にも選ばれて日本や韓国などの代表と試合をしたとき、日本代表の選手のプレーに衝撃を受けました。5年生のときにも台湾に遠征してきた日本のチームと僕の学校のチームが練習試合をして、「同じ小学生なのに、なんでこんなにうまいの？」と、レベルの差を痛感させられたのですが、代表チームの選手はもっともっとすごかった。基本がしっかりできていて、きめ細かい野球をする。僕らとは全然、違っていました。

なんでなんだろう？　僕は足も速かったし、肩も強かったので、かなり自信を持っていたんですが、日本の小学生を見て本当に驚きました。しかしショックを受けつつも、根がポジティブな僕は刺激をもらい、もっとうまくなりたいと思いました。それと同時に日本の野球に憧れをいだくようにもなりました。

「いつか日本で野球ができたらいいな」

漠然とですが、そう考えるようになったのです。

そして2番目の兄の陽耀華《ヤン・ヤオファ》（元愛媛マンダリンパイレーツ）が先に野球留学してくれたおかげで、僕も続くことができるようになるのですが、そもそも野球を始めるきっかけも2人の兄がいたからでした。

野球一族

耀勲とは4歳違いで、耀華とは2歳違い。2人の兄が野球をやっているのを見て、「僕も野球がしたい」と物心がついたときにはそう望んでいました。

ですが、台湾には日本のように少年野球チームやリトルリーグやシニアリーグなどはなく、野球をするには学校の部活しかありません。しかも小学校では入部できるのは3年生から。そのため2年生までは授業が終わると、2人が野球部で練習しているのを眺めていました。

でも、やっぱり自分もやりたい。練習の途中で家に帰り、兄にもらったグラブとボールで、いつも近所で壁当てをしていました。家が田舎にあったので友だちが近くに住んでいなかったのです。壁に向かってボールを投げては捕って、投げては捕ってを何度も何度も繰り返していました。バッティングは危険がないように、まわりに家などなにもない田んぼの中に入って、自分でトスした石を父・徳興《ターシン》に買ってもらったおもちゃのバットで打つ。打ち放題ですから、好きなだけ打っていました。そうやって1人で練習していました。でも、やっぱりちゃんとしたバットで打ってみたくなって、兄のバットを勝手に持ち出したことがありました。打つのは石ですから、当然バットは傷ついてしまう。家に帰ってきた兄に「誰がやったんだ!」とすごく怒られたことは今でも覚えています。

3年生になると、ようやく野球部に入部できました。1人で野球のまねごとをする必要もなくなるし、耀華とも一緒のチーム。とても幸せでしたね。

最初についたポジションはショートでした。ショートに憧れていて、自分から希望しました。でも、小学生のときは身長も低くて体の線も細かったので、人が見たらグローブが動いているように見えたと思います（笑）。6年生になっても、身長は１４０㎝くらいでしたからね。両親は2人とも１７０㎝くらいあるのですけど、小学生のときは全然、身長が伸びませんでした。

　ただ父はソフトボールをやっていましたし、母・曽秋玉《ツェン・チョーユー》は若いころはバレーボールをやっていましたので、それを受け継いで運動神経は良かったと思います。親戚には台湾のプロ野球でプレーした人が何人もいて、父の弟である叔父《おじ》さんもその１人。しかも台湾にプロ野球ができるということで戻ってきたのですが、その前は日本の社会人チームに所属していたのです。僕より年下のいとこにも野球をやっている子が多くて、陽一族にとって野球は切り離せないものなのです。そうした環境を考えれば、僕や兄が野球を始めたのは必然だったのかもしれません。先にも書きましたが、僕は体が小さくても6年生のときには台湾代表に入ることができましたし、2人の兄も小学生のときからいつも代表に選ばれていて、早くから陽一族として恥じない活躍をしていました。

　ですが、僕は台東《タイトン》体育実験中学校（現・台東大学付属中学校）に進むと、体が小さかったこともあり、なかなか試合に出ることができなくなりました。台東体育実験中学校は野球だけでなく、陸上などいろいろな種目で運動のできる子が集まっている中学校で、その中で僕は目立つ選手ではありませんでした。当時の先生も、僕が将来プロになるとは考えていなかったと思います。1年生のときも2年生のときも学校は全国大会に出場しましたが、僕はずっとベンチに座っていました。先輩はうまかったですし、僕なんかとは比べ物にならないほど体もしっかりしていました。

それに先輩との折り合いも良くありませんでした。僕もヤンチャなほうだったせいか、目をつけられやすかったのですかね。小学校のときも学校からの帰り道に、学年が上のよく知らない人にいきなり後ろから叩かれたりすることがありました。理由はまったくわかりません。僕はなにもしていないので、相手の機嫌が悪かっただけなのかもしれません。そんな感じで、年上の人にやられることが何度かありました。

でも、ときには耀華が相手を呼びつけて、やり返してくれました。耀華は本当に優しい兄です。耀勲も外で僕がやられたりしていると助けてくれました。ですが、僕が小学1、2年生のころはひどかったです。突然、耀勲に叩かれたりして大変でした。男3兄弟で寝ていて、ちょっと体が当たっただけで叩かれる。まだ小さかったので、母のところに泣きついていました。三男だったのでよく泣かされていましたね。

それでも僕の気の強さは変わりませんでしたが、僕が悪いことをすると父の代わりに兄2人に叩かれるので、怖くて問題なんて起こせませんでした。ただ、小学校のときに1度だけ、学校で同級生とケンカになって、相手を殴ってしまったことがありました。そのとき父はひどく怒りましたね。家に帰ると父に、「なんで手を出したんだ」と理由を聞かれ、反省しろと正座させられました。そして、

「人を殴るなんて小さなことじゃないんだぞ。次やったら、野球はもうやらせない」

と言い渡されたことは記憶に残っています。

それから父とのエピソードでもう1つ鮮明に覚えていることがあります。

台東体育実験中学校では3年間ずっと寮生活で、両親と離れて暮らしていました。家との距離はそんなに離れていなくて、なんで家に帰れないのだろうと思うこともありましたが、自分で身のまわりのことをするのも大事だなと考えていました。

でも、寮に入ってみると洗濯だったり、マッサージだったり、先輩のお世話もし

なくてはいけない。想像していた以上につらかった。しかも高校も併設されていて、高校生の先輩とも一緒に生活していました。高校の野球部の先輩たちはすごく怖くて、しごきとかもある。僕もしごきを受けたり、バットでお尻を叩かれたりしました。

最初、同級生は33人くらいいましたが、3年後の卒業まで残っていたのは13人だけ。半数以上がやめてしまうほどでした。その分、苦しさを乗り越えて残った13人の結束は固く、今でも仲がいいです。

それにしても先輩のしごきは厳しかったです。お尻をバットで何度も叩かれて、痛くて学校の授業中も椅子に座っていられないこともありました。

「こんなことでは続けていくのは無理だ」

そう思って父に電話すると、両親が学校に来てくれました。

「よしっ、父が来てくれたから、僕も相手に言いたいことを言ってやる」

腫《は》れ上がったお尻を見せると、母は泣き出してしまいました。父も「痛いのか」と聞いてくれたので、「痛いです」と答えました。父も一緒に相手を怒ってくれる。そう思ったのですが、父の次の言葉は予想もできないものでした。

「そうか。我慢できないなら、野球をやめたほうがいい」

えっ⁉　なにかの聞き間違いかと思いました。息子のために、先輩に「こんなひどいことはやめろ」と言ってくれるんじゃないの⁉　父の受け取り方は僕とは違っていました。

「おまえになにか原因があるから、先輩に叩かれるのだ。今から荷物をまとめて一緒に帰るか？　そうなったらもう野球はできないぞ」

と突き放されました。そこで考えてみると、高校3年生の先輩に対してもなにかあれば言い返したりしていて、それで先輩たちの心象を悪くしていたことが理由だと気づきました。もちろん、僕は正しいと思って言っているので、そんなことで叩かれるのは納得がいきませんでしたが、そのほかにも先輩にとっては面白くない態度が僕に見られたのでしょうね。その積み重ねが招いたことだったのだと思います。縦社会であることはいやですけどわかっていましたし、なにより野球をやめたくなかったので我慢しようと考え直しました。

そのときの父とのやりとりは僕の中でもっとも心に残っています。普通は自分の子どもがそんな目にあっていれば、相手や、学校を許さないのではないでしょうか。でも、父は僕のことをよくわかっていますから、相手のことを言う前に、まず自分の言動について考えてみなさいということを伝えたかったのだと思います。

父がすごいのは、ただ叱るだけではなかったこと。次の日、一緒にもめていた先輩のところに行って、謝ってくれたのです。父だってそんなことをするのは悔しかったと思います。

「また同じことを繰り返したら、野球はやめさせるからな」

そのときの父は本当に怖かったです。でも、僕のためにそこまでしてくれたことは一生、忘れられません。

「日本に来るか?」

中学3年生になるとショートで試合に出られるようになりました。最上級生になったこともありますが、この時期に体が一気に成長したのです。

兄たちから「パンを食べれば身長が伸びる」と教わり、それを信じて毎日、食べました。実際に兄たちはパンをよく食べていて体もしっかりしていたのです。パンに加えて牛乳も飲んでいたから、本当に効果があったのだと思います。身長もグングン伸びて176cmくらいになりました。

朝起きてパンを食べて、牛乳を飲んで、昼と夜は普通にごはんを食べましたが、おやつもパン。自分でもびっくりしましたけど、母がいちばん驚いていましたね。

台湾では小学校や中学校で野球をするには学校の部活しかないと書きましたが、もう1つ日本とは大きな違いがあります。それは大会ごとに軟球を使うこともあれば、硬球を使用することもある点です。

そのため、僕も小学3年生で始めたときは軟球でしたが、5年生から硬球を使うようになりました。中学校では、次の大会が硬式なら硬球で練習して、軟式の大会があったら軟球で練習する。当然、軟球は硬球に比べて打ったときに全然、飛びませんし、投げることにおいても違いはあります。でも、それが台湾では当たり前だったので、やりづらいと思ったことはありませんでしたね。

また、学校によっては1、2年生が軟式の大会に出て、3年生は硬式の大会に出るというところもあれば、逆に1、2年生が硬式で、3年生が軟式というところもある。対戦する地元のほかの学校が硬式のほうに強いチームが集まっていれば、うまい選手を軟式にシフトさせて全国大会を目指したりするのです。

僕も5年生から中学2年生までは硬式でしたが、3年生の最後の大会は監督が中心選手を硬式にするか、軟式にするか考えた結果、軟式で勝負をかけることになりました。ところがほかの学校も軟式に主力を集めてきたため、その選択は裏目に出てしまい、期待したような結果は残せませんでした。

中学時代は台湾代表に選ばれることもなく、野球をやめてバスケットボールをやろうかなと思ったときもありました。それでも野球を続けようと決められたのは耀華がいたからでした。

最後の大会に出ているときも、今の中学校からそのまま同じ学校の高校に上がるか、学費免除を条件に野球部に来てほしいと声をかけてくれた台北《タイペイ》の高校に行くか、それとも野球をやめて違う高校に進むかで悩んでいました。野球を続けるためなら我慢できるとはいえ、またそりの合わない先輩と一緒にやるのは気が引けていて、野球を続けるのなら台北の高校に行ったほうが集中してできるんじゃないか。気持ちはそちらに傾いていました。

しかし、台北にいた姉にその高校について聞いてみると、「そこはやめたほうがいい」との答えが返ってきました。

台東体育実験中学校と同じ系列の高校に行くべきか、それとも野球をあきらめるのか。そんなときすでに福岡第一高校に留学していた耀華が、「日本に来るか？来たいなら俺が監督にかけ合ってみるよ」と新しい選択肢を示してくれたのです。

それまでにも耀華が日本の高校野球の話をしてくれていて、甲子園の盛り上がり方などすごいなと感じていましたし、ましてや日本で野球をすることは小学生のときからの憧れ。リスクはあっても自分が前向きになれる選択。

決断に時間はかかりませんでした。

私が見た「陽岱鋼」の素顔

COLUMN

ATSUNORI INABA

稲葉篤紀 打撃コーチ兼内野手

「チームを、後輩を良い方向に導いてほしい」

岱鋼を最初に見たときは、すごくバネがあって身体能力が高いなという印象を持ちました。まだ高卒ルーキーでしたけど、将来性という意味ですごく面白い選手だなと感じました。台湾出身ということもそのときに知って、日本人とはやはり違うなと思いました。

ただ、まだ日本語がわかっているような、わかっていないようなという感じだったので、そのときはあいさつくらいしかしませんでした。

本格的に接するようになったのは、岱鋼が外野手をやるようになってからですね。ですから、この3、4年。外野でいろいろとアドバイスをしたりもしますが、すごく素直で、人の意見をよく聞く。当然、僕は先輩ではありますけど、話を聞き入れてくれて、それを試そうとしてくれます。

岱鋼からもバッティングについて、「僕、どうなっていますか?」とか、積極的に聞きに来てくれますね。

僕のほうからどこかを変えたほうがいいではなく、良いときはもっとこうだよとか、変化しているところを指摘してあげます。ポイントを1つ、2つパッとアドバイスすると、それだけでも意識してやることによって、だいぶ変わってきます。

ただ性格が素直な分、調子が悪くなると気持ちが沈むときもありました。

そういう浮き沈みは野球選手だから当然あるのですけど、2011年あたりから試合にたくさん出始めるようになって、余裕が出てきた気がします。

センターからスタンドに向かって手を振ったりとか、チームの先輩の新庄（剛志）さんのようなやり方になってきていて、気持ちにゆとりが生まれてきたんじゃないかな。

試合ごとに成長していますし、ある程度、成績も残してきたことで、自信もついたんでしょうね。すごく良い方向に進んでいると思います。

新庄さんと同じ背番号1に変わりましたけど、キャラクターというか、明るさも引き継いできたのかな。そういう意味でもふさわしいですよね。

打順は何番を打つかわからないですけど、例えば1番を打つにしてもチームの浮沈は岱鋼にかかってくると思うんです。あいつが1番バッターでバーンと打てば、チームはお祭りのように盛り上がって、絶対に乗っていける。それくらいの存在になっています。

それから家族との接し方も、日本人とは違いますね。本当に家族が大好きで、大事にしています。奥さんと子どもが球場に見に来ていると手を振ったり、日本人はそういうことが恥ずかしくてできないですけど、感覚が違うんでしょうね。

子どももできて、あの若さで責任感も増している。年齢を聞いたらまだ26歳。岱鋼の誕生日である1月17日の前日に、「稲葉さん、僕、明日、誕生日なんです」という話になって、「いくつになるの？」と聞いたら、「26歳です、まだ」って。「俺は40歳。やかましいわ」って（笑）。

でも、あの年齢でチームの柱として活躍できるというのは、誰もができることではないです。やっぱり素晴らしい能力を持っていたのだなと思います。僕が26歳のときはまだまだ自分のことだけで精一杯で、先輩についていけばいいやというくらいでしたから。

岱鋼はすでにまわりを見ながらやっていますし、後輩の面倒も見ています。僕がなにかを言ったわけではありません。自発的にやってくれていることです。

今後、日本を代表する選手になってほしいんですけど、あいつは台湾代表なんですよね（笑）。だからファイターズの顔になっていってもらいたい。すでにその1人ではありますけど、僕とか、金子誠とかは当然、先にいなくなるので、そのときにチームを、後輩たちをしっかりと良い方向に導いてくれる選手になってもらいたいです。

第2章

陽《ひ》の出

～目覚め～

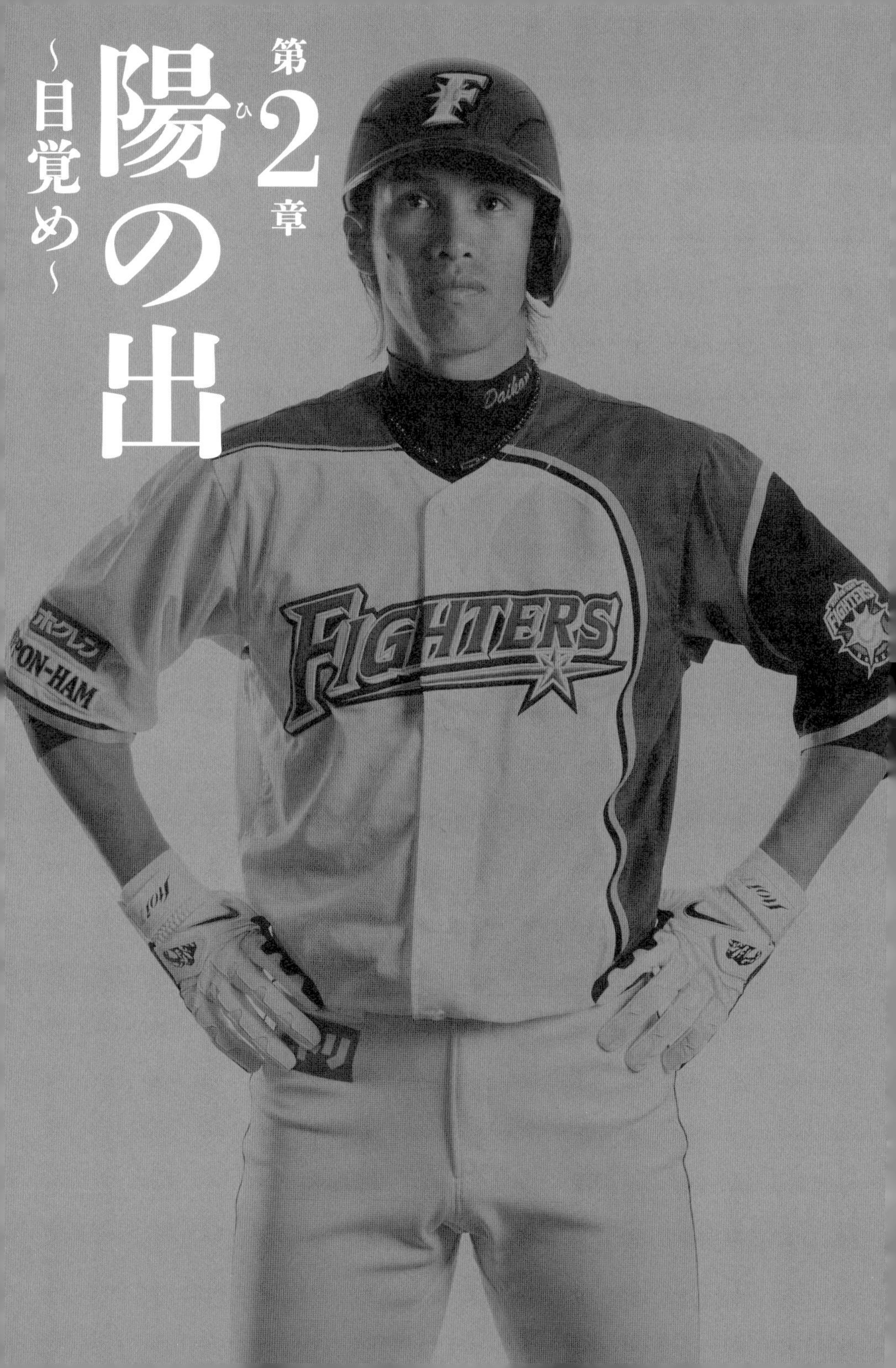

兄とクリーンアップ

台湾の中学校は卒業が6月のため、翌年となる2003年4月の福岡第一高校（福岡一）の入学までは時間がありました。それでも少しでも早く日本の生活、高校野球に慣れるために11月に来日。約4か月間は日本語の勉強をしながら、高校の練習に参加することはできませんので、見学して、終わったあとに近くをランニングをしたり、兄とキャッチボールをしたりしてすごしました。

でも、福岡一の練習を見ていると、ここでやっていけるのかなと不安を覚えました。まず練習が厳しいうえに、僕には意味のわからないノックをしていたからです。コーチが内野手に絶対に届かないところにゴロを打っておきながら「飛び込め！」と叫んでいる。選手も無理だとわかっていても飛び込み、「もう1本、お願いします」と言わなければいけない。そうやって自分を追い込んで精神的な強さを養うという目的があることは入ってからわかっていくのですが、そのときは「無理、無理、それはヒットでしょう」と理解できませんでした。

そして、もっとも受け入れることが困難だと思ったのが、先輩と後輩の上下関係。先輩が後輩にあれこれ命令したり、集合をかけてお説教したりしているのを目にして、「はっ!? なにやっているの?」と戸惑うばかりでした。台湾でも苦労した部分ですが、日本はもっと厳しい。同じ人間なのに、どうして言いなりになっているのか。僕だったら相手が先輩でも黙っていないと思いながら、その様子を見ていました。

兄・耀華《ヤオファ》にも「僕はあんなふうに指図は受けないよ」と断固拒否の姿勢を示しました。

でも、兄から、

「やめておけ。俺も最初はそう思った。でも我慢したほうがいい。我慢していればすぐに日本のやり方に慣れてくるから」

と諭されました。兄は中学生のときは「耀華はよくケンカをしている」と噂されるほどで、僕よりもヤンチャな性格でした。ところが、福岡一に入って、1年生の冬休みに台湾に帰ってくると、別人のように変わっていました。礼節をすごく重んじるようになっていたのです。

「お兄ちゃん、どうしたの？」

「なにが？　これが当たり前だろ」

「えっ？　日本に行く前はそんな感じじゃなかったよ」

本当に違う人のようになっていて、思わず「気持ち悪いよ」と言ってしまったくらい（笑）。日本でいったいなにがあったのだろう。こんなに変わってしまうなんてすごいなと、そのときは思いました。

日本に来て、兄が変わった理由がわかったものの、僕も同じようにやっていけるとは限らない。日本語もまだほとんど話せませんでしたし、心配は尽きませんでした。

入学してみると、やはり最初はまったくなじめませんでした。ただ、兄は少し日本語をしゃべれましたし、同級生がすごく優しくしてくれました。平松正宏監督やコーチが言っていることを身振り、手振りで、ていねいに教えてくれて、学校でも僕が困らないようにと一緒にいてくれたのです。彼らがいたから乗り越えられたと思います。本当にかけがえのない仲間ですね。福岡に帰ったときや、同級生がいる神戸に行ったときには食事をしたりします。みんなで甲子園出場という同じ目標を持って戦うというのも、台湾では決して経験のできないことでしたから、福岡一での3年間は僕に大きな財産を与えてくれました。

懸念していた上下関係は、確かに大変でした。1年生の冬休みに帰省して友だちに会ったら、僕が兄に言ったように「気持ち悪い」と不思議がられましたからね。僕も別人になりました（笑）。今では台湾の友だちに会うと、どこか少し違いを感じます。当然、文化が違いますし、文化が違えば生活も変わってくる。でも、いい意味で変われたと思っていますから、日本に来たことは正解だったと言いきれます。

それに怖い人ばかりではなく、親切な先輩もいました。入学してまだそれほどたっていないころ、同じショートのポジションを争っていた3年生の桐山圭介さんは守備がすごくじょうずで、僕も桐山さんみたいに守れるようになりたいと思うようになりました。

台湾は基礎練習をやらないですし、僕は肩が強かったこともあってジャンピングスローをしたり、二遊間のゴロのゲッツーなら捕ってからグラブでトスをしたりと、派手なプレーをしていました。でも、桐山さんは確実に捕って、確実に投げる。ゲッツーでも捕ってから素早く投げる。それを見ていたら、こういうプレーこそ格好いいなと思ったのです。それに僕のようなプレーだと、調子が悪いとエラーが多くなってしまう。それで先輩に教わりたいと思いました。

3年生にそんなことをお願いしたら怒られるかもしれない。でも、教えてもらえたら、きっとうまくなれる。僕は野球に関しては、とくにプラス思考です。日本語はしゃべれませんでしたけど、なんとか思いを伝えると、桐山さんは快く引き受けてくれました。球を転がしながら、捕球や送球の基本を指導していただきました。

自信のあるバッティングに加えて、守備が向上したことで、1年生の夏の大会（03年）から背番号6をもらうことができました。3年生の兄と一緒に大会に出られるのはこの大会だけということもありましたから、うれしかったですね。しかし、僕が6番をもらうということは、桐山さんはもらえないということでもあります。それにもかかわらず教えてくれた桐山さんには、本当に感謝しています。

大会では兄が4番、僕が5番を任されました。バッティングは好調で、1回戦から3試合連続ホームラン。とくに3回戦は強豪の福岡工大城東高校戦だったのですが、僕が2回にソロを放つと、兄も3回に場外弾。兄との初めてのアベックホームランでした。翌日、台湾人なのに日本の新聞で取り上げてもらい、すごく思い出に残っています。次の試合で敗れて悔し涙を飲みましたが、兄と福岡一のために活躍できたことは、大きな喜びでした。

幻のホームラン

ただ、野球部のみんなは最初に僕を見たときは「こいつ、大丈夫かな」と思ったはずです。中学3年生のときに体が大きくなったという話をしましたが、日本に来て体重を量ってみたら、70kg台だと思っていたのに80kgを楽に超えていました。別人のように太ってしまい、野球ができる体には見えなかったと思います。

それでも体重はすぐに落ちていきました。膨大な練習量に加えて、1日4、5時間しか寝られない生活はさすがにきつかったですね。6時くらいから朝練があるので起きるのは5時台。練習が終わったら、8時から授業。昼は、1年生のみ食事をしたらグラウンドへ。うちのグラウンドは体育の授業でも使うので、整備が必要なのです。授業が終わって全体練習を行ったら、先輩の食事の用意。僕らは先輩たちが終わってからでないと食べられない決まりでした。その後、1年生は掃除など各自の担当の仕事を終わらせて、夜の8時、9時くらいから自主トレ。寮の門限は10時半くらいなので、10時には練習を終えて、片づけをして寮に戻る。そこからお風呂に入り、11時半くらいから日本語の勉強。次の日に学校で渡さなければいけない宿題があったのです。終わるのは夜中の1時くらい。それでまた朝練。1年生のときは台湾に帰ろうか、どうしようか考えることもありました。

でも、つらいことから逃げて帰ってしまったら、今度こそ父から野球をやらせてもらえなくなるかもしれない。2年生になれば、雑用などの1年生の仕事はなくなって楽になる。ポジティブに考えて、1年間、頑張り抜きました。

2年生になると難しい日本語が出てきて、宿題も多くなったので、勉強に費やす時間は増えました。でも、全体練習後の時間に宿題をできるようになったので、1年生のときより早く寝られるようになりました。といっても夜中の12時くらいでしたから、じゅうぶんな睡眠時間ではありませんでした。

また、留学生のクラスから一般のクラスに変わったので、先生の使っている言葉は難しいものがたくさんあって、完全には理解できない。ですから先生が黒板に書いたことは、全部ノートに写さなくてはいけなかったので、授業中に寝ることもできませんでした。テスト前になったら、教科書よりもノートをずっと見ていました。この文字が出てきたら、だいたいこれが答えだなって。問題を解くのではなく、答えになりそうなものを覚えていました。テストのときは野球の練習がランニングやキャッチボールだけになるので、かなり勉強を頑張っていました。成績も悪くはなかったんですよ。

甲子園は台湾人の僕にとっても特別な場所でした。実は台湾でも甲子園の試合中継が放送されていて、まだ4歳くらいでしたが、とても印象に残っていることがあるのです。それは金属バットで打ったときの「キーン」という音。確か沖縄水産高校の試合だったと思います。応援もみんな揃っていてすごかったですね。小さいながらも、これが甲子園なんだって、心に刻んでいました。

ところが、福岡一に入学して金属バットで打ってみると音が全然、違う。もう消音バットに移行していましたから、ちょっとがっかりしましたけど、高校野球の応援は本当にすごい。県大会でも2試合くらい勝つと、全校応援になってみんなが球場に来てくれる。もうアイドルになったような気分でした。勝ってうれしいのは当然ですけど、学校で注目されることも気持ちが良かったですね。

高校生の試合で甲子園のような大きな球場が満員になることは、世界中で日本しかないと思います。あそこでプレーしたらどんな気持ちになるのだろう、1度は甲子園で試合がしたいと考えていました。

高校では叶いませんでしたが、プロで初めて甲子園で試合をしたときは、「やっぱり甲子園はすごいな」と胸が高鳴りました。野次を言われても、なぜか幸せに感じてしまうくらい、うれしくてしかたなかったです。

その高校生の聖地にいちばん近づいたのは、2年生の04年夏の大会。新庄剛志さんの母校である西日本短大付属高校との決勝まで駒を進めました。ですが、3年生のエースの畑智仁さんは初戦から全試合に投げてきていて、体力も残っていなかったと思います。0対6の完敗でした。4番の僕が打てなければ、こういう結果になる。すごく頑張ってきただけに悔しかったですね。でも、畑さんはすごかったです。僕も2年生になってから肩の強さを見込まれてピッチャーもやり始めたのですけど、体力がないから、投げたとしても5回くらいしか持たなかったと思います。畑さんは、あの暑い中、8試合で65イニングくらい投げていましたからね。

ショートが楽しかったのでピッチャーになりたいと考えることはありませんでしたけど、球速は140km／hは超えていましたし、練習試合で投げても抑えられるので、自信はありました。変化球は肩や肘《ひじ》を痛める可能性があるということで、監督に「ストレートだけでも打たれないから投げるな」と禁止されましたが、練習では変化球もこっそり投げていました。試したくなるんですよね。僕が勝手に投げるから、後輩のキャッチャーは捕球したあと、あわてて監督がいないか周囲を見回しながら「陽さん、やめてください。変化球を投げているのを見つかったら怒られますから」って。それから試合でもどうしても変化球を投げたい場面があって、キャッチャーの出したストレートのサインに首を振り、口の動きで「フォーク」と伝えて投げてしまったこともありました。そうしたらワンバウンドの暴投。守りが終わってベンチに戻ったら、僕のせいでキャッチャーが監督に怒られていました（笑）。

大事な試合で打てなかったこと、そして新チームになって最上級生となったことで、すごく責任感を感じるようになりました。

「絶対にみんなを甲子園に連れていく」

自分の練習量も増やしました。腹筋や背筋など体幹部はとくにやりました。全体練習が終わってから、筋力トレーニング用のメディシンボールを使っての腹筋を200回とか300回。僕がやらないといけないという思いを、行動で表現しました。そうしたら、同級生も一緒にやるようになったのです。その様子を見て、すごくうれしかったです。キャプテンの村山朋隆もすごく熱い性格だったので、よく3年生で集合して気合いを入れ合っていました。あのときの一体感は忘れられないですね。

最後の夏は県予選の優勝候補の1つに挙げられていましたし、手応えもありました。1回戦は快勝で、僕も猛打賞。いい形で因縁の西短（西日本短大付属）との2回戦に臨めたのですが……。

試合は3回表に2点を先制され、その後は両校とも得点できず、0対2のまま迎えた9回裏に打席が回ってきました。1死一塁。ホームランが出れば同点の場面で、高めのストレートを捕らえた打球は、レフトポール際へと高々と舞い上がりました。

「これはスタンドインだ」

打った瞬間、同点だと思いました。主審も右手を上げて回し、ホームランのジェスチャーをしていました。しかし、三塁の塁審は両腕を広げてファウルのジャッジ。

「えっ？　どっちなの？」

そのときスタンドに来ていたスカウトの方の声が聞こえました。

「今のは、入っていたな」

判定は、しかし、ファウルでした。打ち直しとなるも、僕の高校最後となる打席はデッドボールでした。次のバッターはフォアボールを選び、1死満塁。続く村山の打球は三遊間に。「抜けた！　同点のホームが踏める」と思いました。ですが、県内でも有名だった西短のショートの弓削博輝が打球に追いつき、ボールはセカンド、そしてファーストへと転送されて併殺。僕は三塁を回ったところで崩れ落ち、涙が止まりませんでした。胸に大きく「西短」と書かれた、あのユニフォームはもう見たくないです（笑）。

3つの条件

でも、この試合には、11球団22人ものスカウトの方が僕を見に来てくれていました。はっきりとプロを意識し始めたのは3年生になってからですけど、漠然とした希望ということでは、1年生のときに監督に「プロに行きたいです」と伝えていました。そのとき、監督からこう言われました。

「彼女は作らない。携帯電話も持たない。休日は遊びに行かない。この3つを守ったら、絶対にプロに行ける」

そんなの我慢できる。プロになれるじゃん。そのときは簡単なことだと思いました。でも、携帯はみんな持っていて、いつもメールとかしていて、うらやましかった。試合に出ると、学校や、すぐ隣にある姉妹校の第一薬科大学付属高校の女の子とかがファンになってくれるのに、携帯がないからやりとりもできない。女の子にはモテなかったですけど、気になる子はいたんです。姉妹校には芸能コースがあって、そこの子はとくにかわいかったんですよ。ほかのやつらはデートに行ったりして、なんで、僕だけダメなの？　と何度も思いました。しかも、付き合うどころか、女の子と話をするだけでもダメだったのです。僕のクラスは男子だけでしたが、さすがに、ほかのクラスの女の子が来てくれて話をすることはありました。でも、その程度。男同士でも、誰かと遊びに行くこともしませんでした。学校と寮以外で行ったのは整骨院くらい。僕の青春は、そうやって終わっちゃいました。

ただ、その反動というわけではありませんが、監督に内緒で左耳にピアスをしていたことがあったのです。目立たない透明のもの。練習は夕方からだったので、よく見えないですし、学校でしているときもありました。髪型と身だしなみのチェックとかもあったのですけど、野球部は坊主頭ですから、出なくても良かったのです。

それをいいことに、ピアスの穴を開けてしまいました。そうしたら仲間の何人かも真似をしました。みんなでバレないようにしていたのですが、2年生の冬休みに台湾へ戻る飛行機の中で、監督に知られてしまいました。

僕の親などにあいさつするために監督もついてきてくれたのですが、席が隣のためヤバいなと思っていたら、「おまえ、次に日本に帰ってくるまでに穴を閉じてこい。もし、できていなかったら、絶対に試合に出さないからな」って。その日からピアスをするのをやめました。やっぱり監督は怖かったですからね。

卒業してからは話ができるようになりましたが、今でも電話をするときなどは、背筋が自然と伸びます。技術的なアドバイスもいろいろとしていただきましたし、調子が悪いときは僕だけ多めにフリーバッティングで打たせてもらったり、本当に目をかけていただきました。

監督が出した条件を3年間、守り抜くのはきつかったですけど、約束を破ったら本当にプロに行けなくなると思っていました。それくらい監督を信頼していましたし、プロ野球選手になりたいという思いも強かったのです。

私が見た「陽岱鋼」の素顔

COLUMN

武田久投手

HISASHI TAKEDA

「なぜ、試合前に髪型をセットするの（笑）」

バッティングについて言えば年々、打率が上がってきていますし、どちらかと言うと淡白な打撃内容も目立っていたんですけど、2012年シーズンを見ていると、だいぶ粘り強さが出てきたんじゃないかなと思います。昔から三振が多いタイプではありますけど、その中でも最近は、粗さがなくなってきた気がします。

左方向だけでなく、右方向にも遠くまで打球を飛ばせるという魅力を失わないままで、確実性が上がってきている。実質レギュラーになって2シーズンがたち、だいぶ慣れてきたんじゃないですかね。

よく練習でほかの選手の打ち方の真似をしたりしているのですが、なにか自分にとってプラスになることがないかをさぐり、良いと思ったものは吸収しているのでしょうね。そういうことをやっているのはプロの選手では珍しいんじゃないかな。それに、もともと生まれ持ったセンスというか、誰かに教えられてできることではない、彼固有の感覚的なものを持っていると思いますね。

それは野球のプレー以外でも当てはまるところがあって、不思議だなと思うときがあったりします。

試合前にいつも鏡に向かっていて、なにをしているのかなと見ていると、ヘアワックスをつけて、髪をセットしているんです。すぐに帽子をかぶることになるのだから、無駄な気がするんですけどね。いや、それどころか帽子の中がベトベトになってしまいそうだし、髪を触ったらワックスが手についてしまう。バットを握るにしても、球を投げるにしても気になってしまいそうなものだけど……。

僕らにはわからない、なにかこだわりがあるのかな（笑）。

それはさておき、あいつがいてくれて、ファイターズのピッチャー陣は本当に恵まれていると思います。

外野陣では、糸井（嘉男）は移籍しましたけど、中田（翔）とともに強肩ですし、いつも守備で助けてもらっています。陽はダイビングキャッチもありますけど、守備範囲が広いから、ファインプレーに見えないファインプレーも数多くあって、そういうところのほうがすごいと思っています。外野のあいだを抜かれたかなという打球に、普通に追いついてくれます。そんなプレーも見てあげてほしいですね。

本人は「昔はバンザイをしたり、打球を足で蹴っ飛ばしてしまったりしたこともあって、外野手になってからしばらくは不安だった」と話しているみたいですが、それは謙遜《けんそん》じゃないかな。それまでの内野手からコンバートされたものの、足の速さと肩の強さは目を見張るものがありましたし、僕は不安だったことはありません。

そのころもじゅうぶん、頑張ってくれていましたし、今の活躍を見てもわかるように、外野手のほうが適性は高いんじゃないかなと思います。

センターのポジションも12年が初めてだったと思いますけど、全然、違和感がありませんでした。陽が守っていてくれると、すごく安心して投げることができます。

ただ、身体能力は抜群ですし、あいつくらいの選手ならば、今ぐらいのプレーはできて当然だとも思います。ですから、現状に満足することなく、さらなる高みを目指してやってほしいですし、性格的にも、常にうまくなりたいと考えているタイプですから、その点の心配はいらないでしょう。

年齢的に考えても成長していく余地は大きいですから、どこまですごい選手になってくれるか楽しみですね。

第3章 陽一家
～家族の絆～

おこづかい

福岡一で頑張ったからこそ僕はプロ野球選手になれたわけですが、その道を拓《ひら》いてくれた耀華《ヤオファ》は本当に優しい兄で、野球も中学時代は台湾代表として世界大会に出場するなど、僕のお手本でした。高校卒業後は第一経済大学へ進学して野球を続けました。高校3年生のときにはスカウトの方が練習を見に来るなど、プロからも注目されるくらい実力があったのですが、そのときのドラフト制度では外国籍留学生は日本居住期間5年以上が指名される条件で、兄は高校での3年間しか日本にいなかったため、その資格がありませんでした。

そのルールは僕が3年生になったときには改正されて、日本の高校に3年以上在学していれば指名できることになっていましたから、僕は本当にラッキーでした。

僕のことをプロのスカウトの方に知ってもらえたのも兄のおかげ。スカウトの方が兄を見に来たときに、一緒にバッティング練習をしていて、スカウトの方から

「陽君の隣で打っているのは誰？」と聞かれた平松監督が、「陽の弟で、まだ1年生です」と紹介してくれたのです。兄とはいつも打つ前にどちらがホームランの本数が多いかを競っていて、それでスカウトの方の目に留まったそうです。

兄には高校で一緒にやっているときもあらゆる面で助けてもらったのですが、大学に行ってからも僕を気づかってくれました。大学生になると少しお金が持てるので、月に2000円しか使えないときもあったお金のない高校生の僕におこづかいをくれて、「しっかり食べて頑張れよ」と応援してくれたのです。兄も同じ経験をしているから、僕がお金の面で苦労していることを当然、知っていましたからね。

そうやってすごく支えてもらったので、プロ入り後、今度は僕の番だなと思って、「もしなにかあったら遠慮しないで。お金もそうだし、道具のことでも困ったら言ってほしい」と、よく伝えました。兄は大学卒業後も日本の独立リーグでプレーを続けたので、道具代などたくさんお金がかかるのはわかっていましたから。弟には頼みづらいでしょうから、僕のほうから言いました。ただし、道具のことは言ってきてくれたことはありましたが、お金のことは兄からお願いしてくることはありませんでした。遠慮したのでしょうね。

でも、僕は兄の銀行口座を調べて、毎月、勝手に振り込ませてもらっていました。プロに入れたのは、兄のおかげでもありますからね。

父の日の出来事

長男の耀勲《ヤオシュン》とは4歳違いですから、僕が小学3年生で野球を始めたときはもう中学生でしたし、その後も一緒のチームで野球ができる機会はありませんでした。初めて同じユニフォームを着られたのは、2006年の第2回WBC。僕は結果が出せず、チームも第1次ラウンドで敗退しましたが、ともにプレーできてうれしかったですね。それに兄とは同じ06年にプロ入りしていて、同じパ・リーグ。いつかは対戦したいと願っていました。

しかし、兄も僕もなかなか一軍に定着できませんでした。2人ともクビにされてしまうんじゃないかと思ったこともありました。

そうした時期を乗り越え、12年の8月8日、帯広球場で行われたホークス戦。ついにそのときは訪れました。7回裏、兄が4番手で登板。先頭バッターの稲葉（篤紀）さんの次が僕の打順でした。僕の次のバッターはホフパワーと、左バッターが2人出てくるイニングだったので、7回表の守備を終えてベンチに戻るときから、

「ここは左ピッチャーが出てくる。そうなったら、絶対に兄だ」

と予感していました。ベンチで肘《ひじ》のプロテクターをつけながら、ホークスのピッチャーのコールを待つと、

「ピッチャー、ヤン、ヤオシュン」

やっぱりそうでした。その時点で、なんとも言えない感情が込み上げていました。うれしくて、自然と顔が笑ってしまっていました。打席に入る前から、どう打っていくかをすごく考えました。

「生涯初めての対戦なのだから、初球は絶対に打ちにいこう。兄のことだから、変化球は100％ない。ストレート狙いだ」

稲葉さんがショートフライとなり、1死走者なし。兄との対戦だけに集中できる

シチュエーションでした。

初球――。

兄が投げてきた球は、やはりストレートでした。夢中でバットを振り抜くと、打球はセンターへのヒット。「よっしゃ」と、心の中で叫んでいました。兄から打ててうれしかったですね。ずっと楽しみにしていただけに、ちょっと泣きそうになっていました。小さいころはよく叩かれましたが、リベンジできました（笑）。

ヒットとなって一塁ベース上からマウンドに目をやると、兄は苦笑いを浮かべていました。試合後、「やられたよ」と言われましたけど、兄もやっぱり喜んでいたと思います。

実は8月8日というのは、台湾では「父の日」なのです。それで父と母を試合に招待していて、前日には兄の家族とも一緒に食事をしていたのです。そこで「明日、対戦できたらいいね」という話もしていたのですけど、本当に実現するとは思っていませんでした。兄はそのとき初めて自分の子どもを両親に見せることもできましたし、兄と2人でいい親孝行ができたと思います。

その後、兄とはクライマックスシリーズでも対戦しました。12年10月17日、札幌ドームでの1回戦。兄は先発で6回まで被安打1の好投を続けていました。でも、7回、先頭バッターの僕のセンター前ヒットを足がかりに、糸井嘉男さんが2ラン。同点となって降板することになりました。「また、おまえにやられた。でも、ファイターズは強い。いいチームでプレーできて良かったな」と認めてもらえました。

12年までの対戦成績はクライマックスシリーズも含めると8打数3安打2三振。やっぱり特別な相手ですし、これからも頑張ってレギュラーの座をつかんで、兄も1年間ずっと一軍にいて、もっと対戦することができたらうれしいですね。

僕には2人の兄以外に、姉・詩怡《シーイー》と2人の妹・詩彗《シーホェイ》と茜《チェ》がいます。詩彗はバスケットボールをやっていて、同じアスリートとして共通点もあるので、よく相談に乗っています。台湾代表にも選ばれたことがあって、今は社会人のチームでプレーしています。競技は違いますけど、僕が経験したことを伝えたりしています。例えば自分の調子が悪いときや、ケガをしたときなどはどうしても精神面がきつくなります。とくに女の子ですから、そこはなおさらだと思います。スランプをどう乗り越えていいかわからずに泣いているときもあります。

でも、そういうときこそ強い気持ちを持たないとやめようとかって考えてしまうので、「泣いていても意味がないよ。その現実から逃げないで、努力するしかないよ」と厳しいことを言ったこともあります。それで詩彗は変わってくれました。僕もファイターズに入ってなかなか思うようにいかずに苦しんだとき、やっぱり練習することでうまくなって、前に進むことができたので。

ほかにも体のケアの仕方を聞いてきたりしますね。僕が言うのは「自分の体だから、しっかり時間をかけたほうがいい。ケガをしてからじゃ遅いから。それと自分の体は自分がいちばんわかる。トレーナーでもほかの人の体はわからないこともある。だから、トレーナーや監督に自分の意見をしっかり伝えること。それに体のことでは遠慮してはいけない」ということ。僕は入団したころはずっと我慢していたのです。トレーナーにマッサージをお願いしたいのに、いちばん年下だから言い出せませんでした。結局、自分でストレッチをして帰っていました。

でも、そのせいでケガをするなんてもったいない。そういう経験をしているので、後輩たちにも、「もしなにかあったら、トレーナーに相談してケアをしてもらいな。遠慮しないほうがいいよ」と話しています。今のファイターズは新人でも誰でもマッサージを受けられるような雰囲気になっています。

兄妹は本当にみんな仲がいいです。ただ、耀勲はとくに熱いハートを持っているので、それが暴走するときもあります。プロ入りしてから耀勲と初めて一緒に詩彗の試合を観戦しに行ったときのこと。熱くなった耀勲がスタンドで立ち上がって、「走れ！　走れ！」とか、大声を出し始めたのです。

まわりの人がこちらを見るくらいすごく目立っていて、さすがに恥ずかしくて、「兄ちゃん、やめろよ。座れ」

と落ち着かせようとしたのですが、

「なにを言ってるんだ。おまえこそ、もっと応援しろ！」

と、熱くなりすぎてしまって、手に負えませんでした。隣に座っていて本当に恥ずかしかった。もう一緒には行きたくないです。ただ、そういう僕もファイターズと入団の仮契約をする日に詩彗の試合を父と応援しに行って、夢中になりすぎて、仮契約の会場にギリギリで到着することになってしまったんですけどね（笑）。

父は中学校時代のエピソード（第1章）でもわかるように厳しい人です。箸《はし》の持ち方とか、使い方とか、しつけにはうるさくて、小さいころはよく怒られました。叩かれることは少なかったですけど、できるまでやらされました。いつも「正しいお辞儀とか、そういう礼儀をちゃんとしなければ、絶対に成功できない」と言われ続けてきました。台湾では父親はみんな厳しいとは思いますけど、うちのお父さんはとくに厳しいなとは感じていました。

12年に父と母が福岡での試合を見に来てくれて、試合前に球場の中で会ったのですけど、父はずっと僕の顔と頭を見るだけで、なにも言ってくれませんでした。試合後、食事の約束をしていたのですが、待っているお店に着くなり、

「おまえ、なんだ、その髪は。切ってこい！」

と長く伸びていた金髪を叱られました。ヤバいと思って、すぐに切りに行きましたね。そういうことはすごくきっちりとしています。僕たちは台湾原住民のアミ族なのですが、昔はアミ族は勉強ができないとか、悪く言われることもあったそうで

す。そうしたこともあって、父は人としてきちんとしていないことが許せないのかもしれません。僕もアミ族であることに誇りを持っていますし、野球で活躍をしてアミ族はすごいのだということを示したいと思っています。

母は父には厳しいところがあるのですが、子どもの僕たちにはとても優しいです。父が厳しいだけに、そこでバランスが取れていると思います。

ひと目惚れ

台湾でモデルとして活躍していた妻の謝宛容《シェ・ワンロン》とは08年の12月24日に台湾で婚姻届を提出しました。知り合ったきっかけは、ロサンジェルス・ドジャースにも所属したことがある胡金龍《フー・ジンロン》先輩の紹介です。

07年の北京五輪アジア予選の台湾代表合宿のときに早めに台湾に戻ったのですが、先輩から「友だちと飲みに行くから、おまえも来いよ」と誘っていただきました。それで誰と会うかも知らずに店に着いたのですけど、先輩はすごく有名な選手なので、店のオーナーに捕まって、その方と長々と話をしていました。そのため1人で来ていた彼女は僕と2人でずっと話すことになって、仲良くなりました。

先輩は彼女と2人だとマスコミに見つかったときに困ると思ったのか、それとも僕に紹介するつもりだったのかはわかりませんけど、僕は彼女にひと目惚れでした。

話をしていて「時間があるときはなにしているの」と聞かれ、「1人でご飯を食べに行ったりしています」と答えたら、「それじゃあ寂しいね。じゃあ、今度一緒に行きましょう」と言ってくれたので、電話番号を教えてもらいました。そこから毎日、僕が彼女を誘って、買い物をしたり、映画を見に行ったり。合宿の練習が終わったらすぐに宿舎に戻って荷物を置いて、彼女に会いに行きました。

付き合っていくうちに結婚を意識するようになり、僕が21歳のときに入籍しました。彼女は見た目はクールなイメージに見えますが、実際は人を笑わせたり、すごく明るい。それにモデルというと派手な生活をしているのだろうなと勝手に思い込んでいたのですけど、本当の彼女は決してそんなことはなくて、考え方もすごくしっかりしています。

結婚しようと決めたのは、彼女が「あなた、貯金をしているの」と聞いてきたとき。そのときの僕は少し年俸が増えていたのですが、好きに使うばかりで全然、貯金をしていませんでした。

しかし、彼女は貯金をきちんとしていて、ちゃんと将来のことを考えていました。プロ野球選手という職業はいつまで続けられるかわかりませんから、貯金をしておかないといけないなと気づかされました。この人と一緒だったら幸せな人生が送れる。彼女しかいないと思いました。彼女の母は貯蓄の専門家でもあり、お金のことは、結婚以後すべて彼女に任せています。

ただ、結婚したいと思っても、どうしていいかわからなかったので、先輩の尾崎匡哉《まさや》さんに電話しました。

「指輪はどこで買ったらいいんですか?」

「とりあえず新宿の伊勢丹に行ってこい」

そう教えてもらってもよくわかりませんでしたが、とりあえず伊勢丹に向かいました。ところが、着いて入ろうとしたら、05年から08年まで読売ジャイアンツにいた姜建銘《ジャン・チェンミン》さんが姜さんの彼女と一緒に伊勢丹の前にいたのです。「おう、なんでここにいるの？」と聞かれて、なにかヤバいなと思って、「買い物です。このへんでウロウロしていました」とごまかしました。「今度、連絡してこいよ」と言われて先輩を見送ってから、あわてて店の中に入りました。

　ジュエリー売り場に向かい、どれにしていいか選ぶことができず、高いものを選んで「これ、ください！」と購入。「よっしゃ、買ったぞ」と思って、店の外に出ると、今度は森本稀哲《ひちょり》さん（現横浜DeNAベイスターズ）とバッタリ。「なんで、ここにいるの？」って聞かれて、また「買い物です」とはぐらかしました。

　寮に帰ると尾崎さんから「いくらのを買ったの？」と聞かれ、「〇十万円のを買いました」と答えたら「おまえ、馬鹿じゃないの。そうなの、すごいな」って。当時は貯金がたくさんあったわけではなかったのですけど、とにかく彼女にOKしてもらおうと必死でした。

　11年には子宝にも恵まれました。女の子です。もう、かわいくてしかたがないですね。ヤバいです。本当にヤバいです。携帯の待ち受け画面に設定して、球場でもいつも見ています。僕よりも妻に似ていますね。

言葉をしゃべり出すようになったとき、パパとママでは最初にパパと言ってくれたんですよ。妻がママと言ってもらおうと娘におかしをあげながら、「ママって言える?」って聞いたときも、娘は「ママ、パパ」と言ったんです。パパって言うのが好きなのかな。妻がその映像を録画して送ってきてくれて、そういうのを見ると幸せな気持ちになれます。

やっぱり子どもができて、考え方が変わりましたね。試合が終わったら、少しでも早く家に帰りたくなりました。それまでだったら札幌ドームでゆっくりしてから帰宅していたのに……。娘の力はすごいですね。遠征から戻るときも、チームより早めの便で帰ったりもします。娘に恋人ができても、絶対に認めません(笑)。

まだ野球のことはわからないでしょうけど、球場に連れてきて、格好いいパパの姿を見せたいです。家族の存在は本当に大きいと感じていますし、僕の力を引き出してくれてもいます。

私が見た「陽岱鋼」の素顔

COLUMN

MITSUO YOSHIKAWA

吉川光夫 投手

「抜けたと思った打球でも捕ってくれます」

今でもよく覚えているのが、僕が1年目で、陽さんは2年目でまだショートをやっていたときのことです。

試合で三遊間のいちばん深いところにゴロが転がり、陽さんがそれに追いついて、強肩を生かしてすごいスローイングでアウトにしてくれたんです。打球が飛んだ瞬間は、これは絶対にセーフになってしまうなと思ったので、驚きました。あの位置から、あんな送球をする選手はそれまで見たことがありませんでしたから、その1プレーでとんでもない能力を持っていることがわかりました。

ところが、そのあとのなんということのない普通の正面のゴロを、ゆっくり捕ってホイッと投げたら、「おぉ～い」というような、とんでもなく高い悪送球で、ファーストの後方のフェンスにぶつけてしまっている。さっきのプレーはなんだったのって。難しい打球はすごくうまくさばくのに、簡単な打球のときに限ってドーンとやらかしてしまう。そんなイメージが強く残っています。

それからゲーム中にショートからよく声をかけてもらっていたんですが、ときどき牽制球のタイミングでセカンドベースに入ってくれないことがあって、「あれっ、今、陽さん、牽制のサイン出しましたよね?」と思ってプレートを外して、もう1度、陽さんからのサインを確認すると今度は牽制のサインを出さなかったり。一緒にプレーしていて「あれっ?」と思うようなことが何回かありましたね(笑)。

でも、今は頼もしい限りです。

うちのチームは右中間、左中間はセンターが優先で、捕れるときはセンターに任せるんですが、陽さんは、その広い守備範囲で、「うわっ、抜けてしまったかな」という打球でも追いついてくれます。右中間から左中間にかけての左右、フェンス際からポテンヒットになりそうな前後のものまで、外野フライだったらほとんど捕ってくれるんじゃないかなと期待をいだいてしまうほどです。

それに周囲への気配りをとてもしてくれます。僕もよく励ましてもらっていて、試合中でも打たれたあとに、さりげなく寄ってきてくれて、「もっと自信を持って投げろよ」と言ってくれたり。ちょっとしたひと言ではありますけど、そういうことを言ってもらえるのは、ピッチャーとしてはやっぱりうれしいものなんですよね。

いつも明るくてチームの雰囲気を良くしてくれるんですが、そうやって気づかいもしてくれています。

それから身だしなみにはすごく気をつけているのではないでしょうか。球場に来るときもいつもオシャレに決めていますし、ユニフォームの着こなしもキチッとされているのは、見ていて感じることですね。髪型にも気をつかっていて、崩れているところを見せたくないのか、ヘルメットから帽子にかぶり変えるときのスピードがすごく速いんですよ（笑）。

あれだけの身体能力、あれだけのスター性のある選手はなかなかいないと思います。うちのチームの中でもナンバー1になれる存在ですよね。

台湾代表としても第3回ＷＢＣ（ワールド・ベースボール・クラシック）で活躍していましたけど、今後は世界に通用する選手になっていくんじゃないかな。それだけの可能性を持っている選手だと思います。僕も負けないように頑張りたいです。

FIGHTERS

D.K.1

Daikan
1

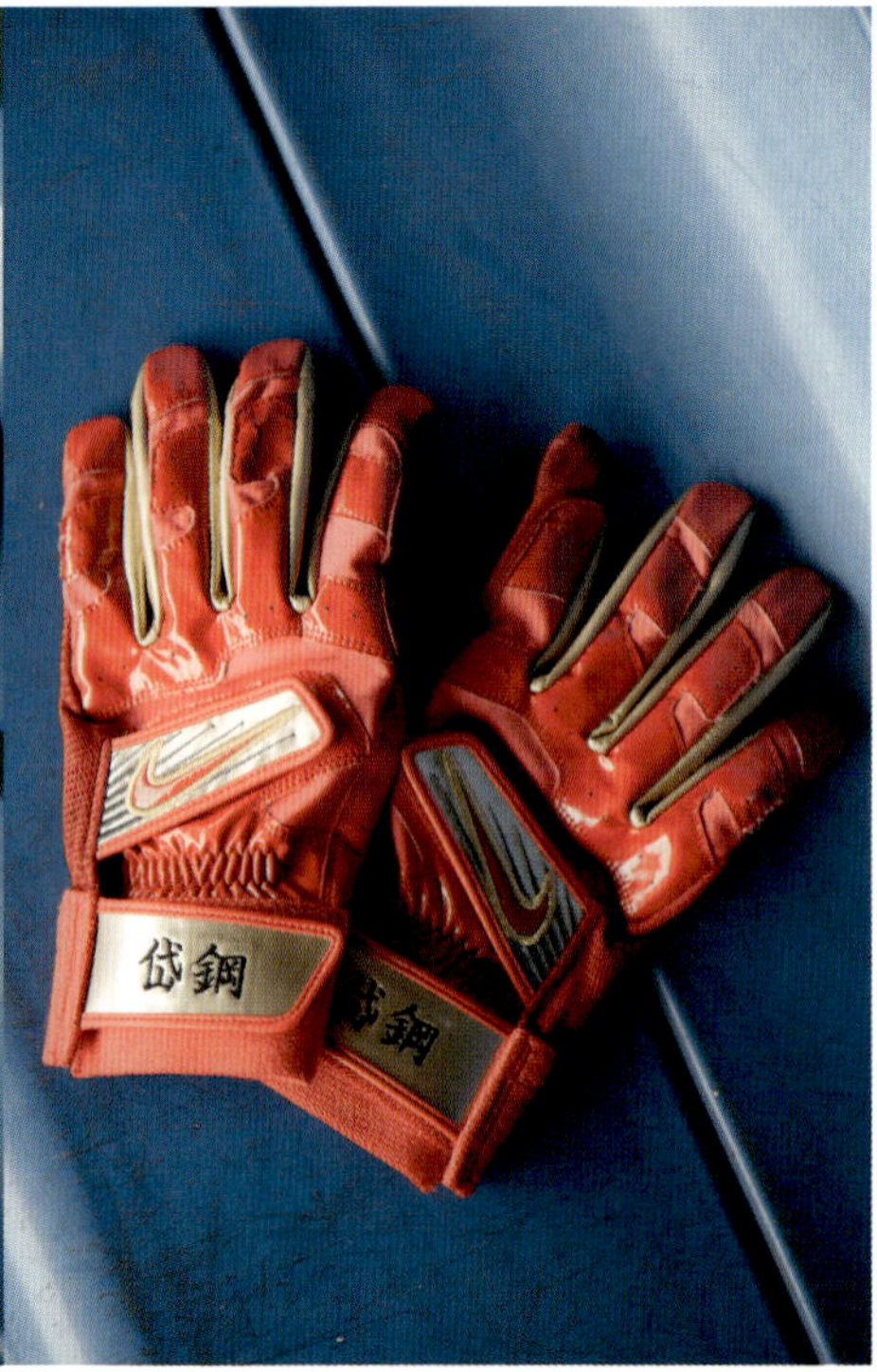
岱鋼
岱鋼

FIGHTERS
ニトリ

NIPPON-HAM

がんばろう！
日本
YOH
1

ニトリ
ニッポンハム

ニトリ

がんばろう!
日本

がんばろう!
日本
FIGHTERS
FIGHTERS

NIPPON-HAM
ニトリ

第4章 陽《ひ》陰《か》げ ～苦悩～

涙の真相

２００５年10月３日に開催された、ドラフトの「高校生選択会議」。僕の目からは自然と涙が流れ落ちました。ファイターズのトレイ・ヒルマン監督（当時）に続いて、ホークスの王貞治監督（現会長）が札を引いたときに、

「よっしゃ！　これで僕はプロ野球選手になれる」

そう思ったら本当にうれしくて、涙があふれてきました。

直後に王監督が手を上げていて、ホークスに決まったから僕が泣いたと受け取られてしまったのですが、あれはファイターズとホークスが指名してくれて、プロ野球選手になれるのが事実上決まったことでのうれし涙だったのです。

確かにホークスだったら、監督は憧れの王さんですし、福岡が本拠地なので高校の同級生も近くにいる。兄の耀勲《ヤオシュン》もホークスとの契約に合意していたので、一緒にプレーできる。そういうことがあったので、誤解されてしまったのでしょうね。耀

勲とは一緒に野球をやったことがなかったので、同じチームで一緒に戦えたら、それは喜びではあったと思いますが、あのときの僕の心の中には「プロ野球選手になりたい」とのいちずな願いしかありませんでした。しかも1位指名という最高の評価。両球団には感謝の気持ちしかありませんでした。

1度はホークスに決まったと言われて会見を始め、実際にはファイターズだったという誰にも予想できない事態となり、福岡第一高校の平松正宏監督もコーチもとまどっていたと思います。僕も、「もしかしてプロに行けないの?」と混乱しました。ですが、会見をいったん中断して別室で監督やコーチから説明を受け、「どうする?」と聞かれたときも、迷うことなく「行きます」と答えていました。

その後、再び行った会見でファイターズになったことについて聞かれましたが、イメージがなかったので「うれしいです」しか言葉が出てきませんでした。それが、ホークスではなくなって残念がっていると勘違いされてしまったのだと思います。あのころはそこまで日本語がうまく使えませんでしたから、本心を表現することができなかっただけなんです。心からファイターズに入れることが幸せだと感じていました。12球団のどこでもいいと思っていましたけど、とくにファイターズは早くから僕を高く評価してくれていたのです。

2年生まではまさか自分がドラフトの指名候補選手として球団のリストに挙がっているとは思っていなかったのですが、3年生になると学校に何球団かのスカウトの方が足を運んでくださるようになりました。その中にファイターズの方もいました。ただ、最初はエースを見に来ているのだろうくらいにしか思っていませんでした。それでもアピールするにはいいチャンスだと考えて、フリーバッティングでホームランを連発しました。すると、コーチが寄ってきて言いました。

「みんな、おまえを見に来ているんだぞ」

「えっ、僕ですか？　本当ですか⁉」

そこからは俄然《がぜん》、練習にも気合いが入りました。

でも、夏の大会は2回戦負け。そのときプロは無理だなと悲観的になっていました。僕の中ではプロに行く選手は甲子園に出ているものという認識が強くあって、3年間で1度も行けなかった僕は絶対に指名されることはないと決め込んでいました。その年の夏の甲子園で脚光を浴びた大阪桐蔭高校の平田良介選手（中日ドラゴンズ）のバッティングなんて、エグかったですからね。

ところが試合に負けた翌日、コーチが僕のところに来て「明日から毎日、練習に来い」と言われました。3年生は引退ですから、同級生はみんな練習をしませんし、もう遊び始めている。不思議に思いながらも言われるままに練習に顔を出すと、たくさんのスカウトの方が来ていました。正直、指名されるのは厳しいとは思っていましたけど、守備には自信がありましたから、そこが認めてもらえれば可能性はあるかもしれないと希望は捨てませんでした。そんな中、プロ志望届を出したあとにファイターズのスカウトの方が、ウォーミングアップ中の僕に声をかけてくれました。

「うちは1位で獲るぞ」

冗談だろうとは思いましたが、やっぱりやる気が出ましたね。

そして、その言葉どおりにファイターズは、僕を1位で指名してくれたわけです。うれしかったですし、その期待に応えたいと思って、ファイターズのユニフォームに袖を通しました。

「これが一流選手だ」

ファイターズについて特別な印象は持っていなかったものの、プロですから厳しくて、先輩も怖いのだろうなと思って入団しました。でも実際にはみなさん優しかったですし、スタッフの方にもすごく良くしていただきました。ただ、1年目から一軍で活躍すると目標を立てていましたが、プロの世界は甘くありませんでした。最初はやれると勘違いしました。鎌ヶ谷で新人合同自主トレーニングに参加しているとき、練習をしている選手を見て「これならいける」と思いました。キャンプも一軍スタート。

ところが、キャンプインして一軍の選手を目《ま》の当たりにしたら、

「えっ⁉ なに、このバッティングのすごさは。この守備のうまさはなんなの⁉」

全然、違いました。一軍の選手は海外とか、暖かいところで自主トレを行うため、鎌ヶ谷にいたのは二軍の選手たちだったのです。キャンプ初日はずっと驚いていいま

した。そのころは田中幸雄さん（現ファイターズファーム打撃コーチ）もいましたし、新庄剛志さんもいましたし、小笠原道大さん（現読売ジャイアンツ）もいました。

僕は肩にはけっこう自信があって、内野のボール回しに入ったとき、肩の強さを見せようと強めに送球しました。いい球が投げられているぞと思っていたら、幸雄さんからの返球が来ました。捕るには捕ったのですが、とても勢いのある球で面食らいました。幸雄さんは僕と年齢は20歳近く違います。親子みたいな年の差。「38歳の体で、こんな球が投げられるの⁉」と、びっくりさせられました。新庄さんはプレーだけでなく、その人気の高さにも驚かされました。これがスター選手なんだなって思いました。

でも、なによりも衝撃を受けたのは、小笠原さんの練習量。1年目の僕はもちろん、若手の選手は夜間練習に参加するのが普通です。全体練習が3時とか4時に終わって、そこから個別練習を1時間くらいやって、食事をして、7時とか7時半くらいから夜間練習を始めるという流れで行っていました。ある日、夜間練習のために室内練習場に着くと、なぜか小笠原さんがもうバットを振っていました。小笠原さんも夜間練習を行うのかなと思ったら、すぐに宿舎に引き上げていきました。

「見たか。これが一流選手だ」

コーチに言われました。なんと小笠原さんは全体練習が終わったら室内練習場に移動して、ずっと打ち続けていたのです。本当にすごいと思いました。僕も毎日バットを振って、手の皮がむけたりしても痛みに耐えて頑張っているつもりでしたが、僕くらいの努力なんて全然頑張っているうちに入らないのだと思い知らされました。しかも、小笠原さんはバッティンググローブ（手袋）をせずに、素手で打つんです。この人の手はいったいどうなっているのだろう。素朴な疑問がわきました。

そう思って近くを通るときに見てみようとしたのですけど、うまくいきませんでした。ほかにもロッカーの前を通るときにどういうバットを使っているのか、チラッとのぞいてみたり。すごい方だなと圧倒されるだけではなく興味をそそられ、自然と自分にプラスになることを、小笠原さんからさがそうとしていました。

紅白戦でも、みんなは普通のバットを使っているのに、小笠原さんは素手のうえに、１kgくらいある重たいマスコットバット。しかも、それでホームランを打ってしまう。でも、そのときは驚くというより、納得させられました。あれだけの練習をしていたら、そんなこともできてしまうのだな、と。

対する僕は初めての紅白戦で2打席か、3打席か、連続三振。江尻慎太郎さん（現福岡ソフトバンク）のサイドスローからのスライダーは視界から消えましたからね。打ちに行って、バットを振ったら、途中で球が消えました。本当にそんな感じでした。落ち込みましたね。こんな球ばかりを投げてこられたら、僕はプロでやっていくなんて無理だって。あとでコーチから「江尻のスライダーはみんな打てないから、そんなに落ち込むなよ」とフォローしていただいて救われました。

プロってすごいな――。考えの甘さを痛感しました。

プロのレベルのあまりの高さを見せられて、珍しくダメかもしれないと気持ちの部分で萎《な》えてしまったりもしましたが、それでもなんとかなるかもしれないと考えられたのは、小笠原さんの練習を見ていたからでした。僕はまだあそこまで練習をしていないじゃないか。練習すればなんとかバットに当たるようになるかもしれないって。自信を持っていた守備も力の差を感じて毎日、基本練習を繰り返しました。

一軍キャンプに高卒ルーキーは僕1人で、年齢の近い選手も同い年のダルビッシュ有（現テキサスレンジャーズ）だけ。でも彼はピッチャーですから練習は別々。言葉の問題もあって最初は不安も持っていましたが、練習に集中できたのは同じ新人の川島慶三さん（現東京ヤクルトスワローズ）のおかげでした。弟のようにかわいがってくれ、チームにすぐ溶け込むことができました。

メモリアルボール

1年目の開幕はファームで迎えました。キャンプで僕なんてまだまだということがわかりましたから、ショックはありませんでした。

そのころには、1年間は二軍でしっかりやろうと、頭は切り替わっていました。それにファームでもファイターズのユニフォームを着て試合に出られることが楽しみだったので、開幕はうれしかったです。

強化指定選手に選んでもらい、06年は全96試合中、出場91試合、打席398はともにリーグ最多。打率はイースタン・リーグ7位の2割7分4厘、ホームランは同6位の9本。エラーがショートで27個、サード3個と多かったですが、たくさんの経験を積むことができました。しかも、9月26日には一軍に初合流。結局、試合には出られませんでしたが、二軍との違いを知ることができました。一軍では試合前のミーティングで、データがいろいろと出てくる。一軍のピッチャーと対戦するには、こういうデータも必要なのだなと学びました。

2年目の07年シーズンも二軍スタートでしたが、バッティングが好調で4月19日に一軍昇格。翌20日にはプロ初出場が待っていました。7番サードでスタメン出場。相手はホークスで、球場は東京ドームでしたね。よく覚えています。試合前から自分の体が自分のものではないみたいに、思うように動けませんでした。ですが、ファンの方がすごい拍手で迎えてくれて、ホッとすることができたんです。ワクワクしながら試合に臨みましたが、初打席はさすがに緊張しました。打席で足が震えてしまい、心臓もバクバクと音を立てている。バットを上げて構えたときに、「ドッドッ、ドッドッ」って聞こえたくらいです。あの瞬間は忘れないですね。

相手のピッチャーは神内靖さん（現横浜ＤｅＮＡ）。初球から打ちに行こうと思っていたのですが、想像以上に球にキレがあって、手が出ませんでした。二軍では見たことがない球でした。プロ初打席は空振り三振。2打席目も空振り三振で、3打席目に代打を送られました。翌日は代打でセンターフライ。その次の試合は守備だけ。初ヒットが出ないまま札幌に移動して、25日の千葉ロッテマリーンズ戦で2度目のスタメン出場。その第1打席、メモリアルヒットが飛び出しました。

久保康友さん（現阪神タイガース）の初球を捕らえると、打球はライト線へ。「落ちろ、落ちろ」と思いながら走っていると、祈りは通じました。二塁に到達すると、シヨートを守っていた西岡剛さん（現阪神）が「ボール、いる？」と聞いてくれて、うちのベンチに投げてくれました。そのこともすごく記憶に残っています。記念のボールは、オフに帰国したとき、父に渡しました。喜んでくれた父の顔もよく覚えています。

6月に二軍に落ちましたが、そのときに大事な習慣を身につけました。一軍経験豊富な小田智之さん（現ファイターズファーム打撃コーチ）が調整で二軍に来たのですが、試合中のベンチでノートをつけていたのです。二軍に来てもそういうことをやるのだから、一軍の選手は違うなと感じました。ノートを見せてもらうと、1打席ごとの配球やピッチャーの特徴などが書かれていました。1年目にもコーチに「人間はすぐに忘れてしまうから、ノートに残しておくことは大事だぞ」と言われていて、必要性は感じていたのですが、実行に移せずにいました。それが小田さんを見て、ちゃんと書くようになりました。自分で無地のノートを購入して、ストライクゾーンの9分割のチャートを作って、初球からコース、球種がなんだったか、どこに打ったのか。例えばショートゴロだったら、なんでそうなったのかなど、1打席ごとにノートに書き込んでいきました。それは今でも続けています。

その後、一軍に再昇格し、2年目は一軍での出場が55試合。一軍でやっていける手応えを得られました。1年目のオフは現状維持でしたが、2年目のオフは年俸も上げていただきました。それは球団から戦力として認めてもらえたということですから、チームのためにちゃんと仕事ができたんだと、プロとしてうれしかったですね。

しかし、そのまま順調には進みませんでした。3年目は一軍に定着してレギュラーを取らないといけない。そんなふうに自分にプレッシャーをかけすぎたのかもしれません。この年は二軍とはいえ最後まで首位打者争いをするくらいバッティングの調子は良かったんです。それでも一軍に上げてもらったときには、あせりから力が入りすぎて凡打という繰り返し。一軍出場は44試合にとどまり、打率は前年の2割3分9厘から1割4分4厘に落ちました。

流れが悪いときはうまくいかないもので、その年はファームで自分の考えを理解してもらえず、つらい思いをすることもありました。

あるとき、妻が台湾から日本に来ていたんです。そのときはまだ結婚前で、会える機会は限られていましたし、彼女も1人で来ていたので心配ということもあり、試合が終わった4時くらいから夜間練習が始まる7時くらいまでずっとやるべきバッティング練習を行い、彼女に会いに行くことにしました。通常ですと食事をしてから夜間練習に参加するのですが、ファーム打撃コーチの荒井幸雄さん（現巨人二軍打撃コーチ）にも了承をもらって、そういう予定を組んだのです。練習を終えて、荒井さんから「やることは全部やったから行っていいぞ」と言われて引き上げようとすると、別のコーチが荒井さんに「なんで帰すんですか。今、夜間練習の時間でしょう」とストップをかけました。それでも荒井さんは「陽は4時からずっと打っていたんだから、問題ないでしょう」と行かせてくれました。次の日、そのコーチに呼び出されて「僕はみんなが食事をしているあいだにきちんと練習をやって、それから外出しました」と説明しても、認めてもらえませんでした。

日本語は少しずつ上達していたとはいえ、コミュニケーションが円滑ではなかったことも関係していたのかもしれません。ミーティングなどもプロはレベルが高いですから、その場ですぐに理解できないこともありました。直接、指導してもらうときでも、話が長くなるとついていけませんでした。言っていることを理解しようと考えるのですが、そのあいだに話が進んでしまうと、追いつけない。それで「最後のほうに言われたことはわかりませんでした」と言うと、聞いていないと勘違いされてしまいました。選手同士で普通にしゃべったりすることは問題ありませんでしたが、そういうことは難しいなと思っていました。同じ高卒で入った同期の今成亮太（現阪神）とかに助けてもらいながら少しずつ慣れていったのですけど、言葉の問題は二軍時代にはまだ苦労することが多かったですね。

ほかにも荒井さんには数多くのアドバイスもしてもらいましたし、精神的にもすごくフォローしていただきました。毎日、練習につきあってくれて、僕のバッティングのことをいちばんわかってくれていました。荒井さんは鎌ヶ谷の球場まで家から通っていたのですが、僕のバッティングを見るために寮に泊まってくれたこともありました。お子さんがまだ小さかったのに、ダメな僕のためにそこまでしてくれたのです。プライベートでも食事をご一緒させていただいたり、気晴らしにと荒井さんのご家族と一緒に海に連れていってもらったり、本当の息子のように接してくれました。荒井さんがいなかったら僕は野球を続けていられなかったと思います。そのくらい大きな存在でした。09年で退団されたのですが、今でもシーズン前や、シーズンが終わったら、荒井さんに報告の電話を欠かすことはありません。

引退しよう

4年目の09年には大きな転機が訪れました。6月のある日、家から鎌ヶ谷スタジアムに着くと、水上善雄ファーム監督（当時）に呼ばれました。

「まさかトレードに出されるのかも」

すごく不安でした。トレードだったら、いったいどこのチームだろう。つい、そんなことまで考えてしまいました。水上監督の待つ部屋に入ると、山田正雄ＧＭ（ゼネラルマネジャー）も来ていました。本当にトレードなの⁉

「陽、外野手をやってみないか」

トレードではないことにホッとしながらも、その提案には抵抗を感じました。ショートへのこだわりは強かったですし、ショートとしてドラフト1位で入ってきたプライドもありました。ショートでなくなるのはいやだ。そう思いました。それでも、その場では返事はせず、考えさせてくださいと伝えました。

ショートを続けたい。でも、金子誠さんなど一軍のショートは層が厚く、なかなか出番が回ってこない。いや、チャンスをもらったのに、ポジションを奪えなかった。それが自分の実力。だったら外野手のほうが、出場機会は増えるのではないか。

「どうしても試合に出たい」――。プライドよりも、その気持ちが勝りました。

とても悩みましたが、外野手をやらせてもらうことに決めました。

外野手を一から練習したこともあり、しばらく一軍に上がることはできませんでしたが、8月に昇格して、外野手として一軍で「再デビュー」しました。外野手として初スタメンした試合ではいきなりエラーを記録してしまいましたが、球団の選手の適性を見抜く力はすごいですね。選手のことをとても見てくれている。球団、監督、コーチ、スカウトのみなさんには感謝しています。

ただし成長できたところもたくさんありますけど、やっぱりこの4年間はつらかったですね。1、2年目は順調と言えば順調でしたが、一時期はパワーも兼ね備えたスイッチヒッターにも挑戦していました。左打席でのバッティングも良かったのですが、変化球を振ったときに肩を痛めて、そこからうまくいかなくなってしまい断念した経緯があります。3、4年目は、心が折れることが何回もありました。プラス思考の僕が、野球をやめようと考えたこともありました。

このままじゃいけない――。4年目を終えたとき、1つの大きな決意をしました。

「来年、自分が納得できる成績が残せなかったら引退しよう」

私が見た「陽岱鋼」の素顔

COLUMN

SHO NAKATA

中田翔 外野手

「お互いの子どもの話ができるのがうれしいです」

ダイさんは一緒に頑張ってきた特別な存在ですね。

入団は2年違いですけど、僕が最初、サードをやっていたとき、ダイさんはショートで、毎日のように2人で特守をしていましたし、ともにきつい練習を乗り越えてきました。

その後も同時期に2人とも外野手にコンバートとなって、また一緒にノックを受けて汗を流してきました。

しかも、こうやって一軍でずっと使ってもらえるようになったのも、ほぼ同じタイミング。ライバルではないですけど、お互い良い意味で意識し合って、切磋琢磨《せっさたくま》しながらやってきたと思います。

野球に関してはそれぞれの考えがあるので、とくにアドバイスをし合ったりということはないですけど、普段からバッティングだったり、野球の話はいろいろしています。

それから僕も2012年に子どもが生まれたので、そういう話もあれこれできるようになったのは、僕としてはうれしいですね。

「かわいいやろ」「かわいいね」とか、「子ども服は、すぐ大きくなるから、ちょっとのあいだしか着られないよ」とか、ごくごく普通のやりとりですけど、そういう話をしていると、子どものためにももっとやらなければという気持ちになります。それはダイさんも変わらないでしょうね。子どもができた年は、やる気がすごかったです。

そのときはそういうものなんだろうなと漠然と僕は見ていましたけど、実際に守るべき存在ができると、やっぱり違いますね。

ダイさんを見ていると、本当に家族のために頑張ろうという思いがすごく伝わってきます。誰でも家族が大事なのは当たり前なのですけど、僕ら以上に家族同士の仲がいいように感じられます。

僕らの前でも気にせずに奥さんと手をつないで歩いたり、そういうところはすごいなと思います。良いところは真似していきたいですけど、僕は照れくさくて、そういう気持ちを素直に行動に移すことができないですから。

同じ選手としてうらやましいなと思うところもあります。

身体能力がすごく高いですし、足も速い。バッティングの面でも、右方向への打球は僕以上に飛びます。そこは力ではないですからね。

守りでも、守備範囲の広さ、正確さは僕にないものなので、すごいなと思うときがたくさんあります。

ダイビングキャッチももちろんすごいですけど、守備範囲が広いからこそできるプレーなのです。僕はダイビングするところまでいかないですからね。

でも、お酒の強さだったら負けません（笑）。

ベロベロになるまで飲んだところは見たことがないですけど、ダイさんより強い自信はあります。お酒は負けられないですね。チームで1番かと言われると、小谷野栄一さんとかも飲むときは飲むので言いきれないですけど、それに付き合えるくらい、僕も飲めますので。

ダイさんはそれほど強くはありませんけど、陽気で明るいお酒なので、一緒に飲むときは楽しいですね。

外野手は一軍、二軍関係なく、みんな本当に仲のいいメンバーが集まっているので、ダイさんと2人で引っ張っていけるように、一緒に選手としてどんどんレベルアップしていきたいなと思っています。

Daikan

第5章 陽気質

～素顔・キャラクター～

山の上にいる虎

勝負の1年に挑むにあたり、いいと思うことはなんでもやってみようと考えて、2009年オフに改名しました。考えてくれたのは妻でした。毎日、野球のことで悩んでいる僕を見て、なにか力になりたいと「名前を変えてみたらどう?」と提案してくれました。でも、親からもらった「仲壽《ちょんそ》」という名前を変えるというのは抵抗感が大きく、最初は変えないつもりでした。それでも1度、台湾にいる先生に見てもらうと、「仲壽」には強さが感じられず、しかも中国ではあまりいい漢字ではないと言われました。そして、「今の年齢なら強い意味を持つ名前がいい」と説明され、確かにそうだなと思いました。干支《えと》や誕生日なども参考にいくつかの名前を考えてくれ、その中から「岱鋼《だいかん》」を選びました。「岱」は虎が山にいるという意味があって、僕は1987年1月17日生まれでずっと卯年だと思っていたのですが、中国は旧暦を使うので、寅年生まれだったのです。それで名前の字にも虎が関係するものがいいということで決めました。虎は強い動物で、山の上にいたら迫力がある。「鋼」にも「金」が入っていて、強さを表しています。虎の僕が天下を取る、という意味が込められているんですよ。妻も岱鋼が合っていると言ってくれて、両親にも了承を得て、改名しました。本当にここからグーンと成績が良くなるので、もっと早く変えても良かったですかね。

名前のことで言えば、みなさん、お気づきだと思いますが、同じ「陽」でも僕は「ヨウ」なのに、兄の耀勲《ヤオシュン》は「ヤン」と読んでいます。台湾では「ヤン」なんですけど、日本の読みでは「ヨウ」。高校のときに、みんなから当たり前のように呼ばれて慣れていたので、「ヨウ」でいくことにしました。耀勲には「なんでおまえはヨウなの。ヤンにすればいいじゃん」って言われましたけど、日本への愛着もあって決めました。今ではもう、「ヤン」と呼ばれても、「あれ、僕かな?」とすぐに反応できなくなりましたね。そういうことはほとんどないですけど、唯一、(田中)賢介さん(現サンフランシスコ・ジャイアンツ)だけは「ヤン」と呼ぶんですよね。「おまえ、ヤンだろ」って。なんでなんですかね(笑)。

ただ、1年目のキャンプでは「ヨウ」にして困った問題が起きました。それはローマ字で表記すると「YOU」になること。キャンプ地は沖縄なので、米軍の方とかも見に来てくれるのですが、僕の名前を見て「ユー」「ユー」と何度も呼ぶ。なんだか馬鹿にされているようで腹が立ってしまって、それでキャンプが終わってから今の「YOH」に変えてもらいました。1年目のキャンプのときの写真があれば確認してみてください。「YOU」になっている貴重な(?)ユニフォーム姿が見られますよ。

入団したときに目標としていたのは松井稼頭央さん(現東北楽天ゴールデンイーグルス)。もうすべてが格好良くて、高校のときから憧れていました。バッティング、守備、走塁。打率3割、ホームラン30本、30盗塁の「トリプル3」達成もすごいですよね。僕が高校2年生のときにメジャーリーグに挑戦したのですが、ニューヨーク・メッツでの初打席もテレビで見ました。見事なバックスクリーンへのホームラン。あれも格好良かった。僕のヒーローです。メジャー行きが決まったときに出版された松井さんの本もいっしょうけんめい読んだくらいです。その本にはトレーニング中の写真などもおさめられていて、松井さんがマスコットバットにさらに重りをつけて練習しているのを見つけて同じようにやってみたり、オレンジの手袋を使っていたので真似をしたり。ユニフォームの着こなしも似せるようにしていましたね。

プロに入って最初に買ったグラブも松井さんが使っていたメーカーと同じところにしましたし、それは今でも取って置いてあります。同じショートで、スイッチヒッターを目指していたときも、松井さんのようになりたいと思っていました。西武ライオンズ時代に松井さんが金髪にしていたのが印象的で、ファイターズに入ってから僕も髪を染めようと考えたんですが、二軍は規律が厳しくてできませんでした。一緒に食事をさせていただいたこともあります。本当に感激しました。試合のときはいつもあいさつしますし、今も憧れの人であることに変わりはありません。

もう1人、王貞治さんも当然、特別な存在です。もちろん、現役時代を生で見ていたわけではなく、昔の映像でしか知りませんけど、小さいときから父に「『世界の王貞治』と称される選手は台湾人なんだぞ」と教えられてきました。台湾人の僕にとっては、もう神様です。台湾の人もみんな知っていると思います。ご縁がなくて王さんの下でプレーすることはありませんでしたけど、プロに入って王さんと握手できただけで幸せでした。球場でお会いすると声をかけていただくこともあるのですが、今も胸に留めている言葉があります。

「1打席、1打席が勉強だと思ってやったほうがいいよ」

まだ一軍と二軍を行ったり来たりしている時期だったのですが、勉強という意味が、そのときはまだわかりませんでした。でも、そのあとずっと試合に出続けるようになって、本当に1打席、1打席、中身が違うことを感じて、「あっ、王さんが言っていたことはこういうことだったんだ」と理解できました。このピッチャーはこんなピッチングをするとか、このキャッチャーはこういう配球をしてくるとか、日々、学んでいます。そうやって次の対戦につなげることが大事なんです。

わが道を行く

勉強させてもらっているということで言えば、チームの先輩もそうですね。稲葉篤紀さんには、13年に兼任コーチになる前からアドバイスをいただいています。いつも優しいですし、食事に連れていってもらうと、「たくさん食べろ」と気をつかってくれます。でも、食事のときは野球の話はほとんどしません。きっちりと切り替えているのだと思います。僕も食事の席では野球の話はしたくありません。

同期と一緒に食事に行って、食べながら野球の話をするやつもいますけど、「おまえ、ベテランかよ」ってツッコみます。「まだ若くて経験が浅いのに、なにを語れるの?」と、話を遮《さえぎ》っちゃいますね。高校の同級生は、そのことを知っているから、僕と食事に行ったら、絶対に野球の話はしません。野球をやるときと、そうでないときは分けて考えたいんです。食事のときは食事で、楽しくすごしたい。その点、オリックスバファローズに移籍しましたが、糸井嘉男さんは最高です。ちょっとお酒が入ると、すぐにハイテンションになって、なにを話しても大笑い。めちゃめちゃ面白いです。

昔は(中田)翔ともよく食事に行きました。僕がショートのときは翔も内野手で、僕が外野手にコンバートされると、翔も外野手になり、いつも一緒に特守を受けてきた仲ですからね。食事が終わってから、カラオケにも行きました。

よく歌うのはＡＩさん。高校のときから大好きで、当時『Ｓｔｏｒｙ』は何度も聴きました。聴いているとその歌詞の意味が知りたくなって調べるので、言葉を覚えることにも役に立ちました。勉強と違って、楽しいから早く覚えられるんですよね。好きな曲を見つけたら、いつも辞書を引いていました。

曲はメッセージ性のあるものが好きで、ＡＩさんのほかにも、ゆずさんとか、コブクロさんとか聴きましたね。高校１年生のときは同じ部屋だったやつがギターを持っていて、僕も中学生のときにギターをやっていたので、借りて弾かせてもらったりもしていました。いろいろな歌手の歌を聴きましたけど、ＡＩさんがいちばんですね。今も聴いていますし、11年に出た『ハピネス』もすごく気に入っています。

歌うことも好きですが、翔は歌が本当にじょうずだから、あいつのあとには歌いたくないですね。翔はなんでも歌いますけど、松山千春さんを真似させると、すごくうまい。11年にファイターズが松山さんの『大空と大地の中で』をカバーして東日本大震災復興チャリティＣＤとして販売したときも、翔だけ１人で歌うパートがあるくらいです。びっくりするくらいそっくりでマイクの持ち方まで似ています。

ただ、最近はお互い後輩を連れていくようになったので、２人で行く機会はなくなりました。先輩がそうしてくれたので、自然と僕も後輩たちを誘うようになりました。翔も同じだと思います。僕が連れていくのが多いのは近藤（健介）とかですね。いい後輩ばかりですけど、ゴルフのときは僕を馬鹿にするんですよ。実は僕はゴルフが大の苦手。たぶんプロ野球選手の中でワースト1じゃないかな。真っ直ぐ飛びません。普段から全然やらないんですけど、12年オフの納会のコンペでのスコアは128。そんな僕に後輩たちは、「ダイさん、いくつですか？」と上から目線で聞いてくるんです。でも、その前年の150に比べたらうまくなっていて、やっと楽しさがわかってきました。いつか後輩たちを見返します！

ゴルフはダメですけど、きれい好きという面ではチーム1だと思います。ロッカーもいつも片づけていますし、妻が家の掃除をしていなかったら、「掃除しないなら、僕がやるぞ」とうるさく言います。でも、「いいよ、やって」と返されてしまうので、言うと自分がやることになっちゃうんですけどね。

洋服もきちんとたたまないと気がすみません。妻がやらないわけではなく、自分の干し方やたたみ方があるので、そうじゃないと気になってしまうのです。

例えば洗濯物を干すときも、シワができないようにちゃんと叩いてから干します。そうすると、きれいに着られる。妻はそこまで気にしないので、もう好きにしてという感じですね。においにも敏感なので、妻が僕の好きな洗剤とは違うもので洗うと、洗濯機から出すときや、たたむときにわかる。時間があるときは洗い直しますね。そこは譲れないです。

遠征のときにバッグにユニフォームを入れるときも順番を決めています。ユニフォーム、アンダーシャツ、靴下、スライディングパンツ、リストバンド、最後にタオル。一枚、一枚、ていねいに詰めていきます。そのほうがバッグを開けたときに気分がいいんですよね。逆に汚いとテンションが下がってしまいます。

そうしたことは自分のことだけじゃなく、ほかの人のことでもちゃんとしてないと気になってしまう。尾崎（匡哉《まさや》）さんはいつもスライディングパンツの太もものところがちょっとめくれていたりする。「尾崎さん、やめてくださいよ。直しましょうよ」と言っても、「ええやろ。俺のことは放っておいて」と聞いてくれない。「気になっちゃうんですよ」とお願いしても、「俺は全然、平気だから」って。尾崎さんにはファームにいたときから、今でも言っています（笑）。

ただ、そうやって何事もきっちりとやるせいか、周囲とペースが合わないこともあります。例えば試合が終わってからみんなで食事をするときなどは、僕はアイシングやお風呂、マッサージを人より入念に行うため、みんながもう食べ終わるくらいに到着するので、先輩などに「出た、マイペース」って言われます。

最もマイペースなのは、僕か、紺田敏正さん（現ファーム外野守備・走塁コーチ）か、小田智之さん（ファーム打撃コーチ）。1度、その3人で揃って会場に着いたことがあるのですが、みんなから「マイペースの3人が揃っているぞ」と爆笑されました。先輩から怒られたりはしませんけど、チームのマネジャーには「いいかげんにしろよ」と言われています。

でも、チームの練習とか、集合時間には当然、遅れませんし、体のケアをしているときは、そこまで急がなくてもいいと思うのですが。紺田さんも小田さんも13年からコーチになられたので、マイペースナンバー1も僕になりますかね。

忘れていた！

オフの時間のすごし方は、結婚してから地味になってきました（笑）。とくに子どもが生まれてからは、第一に子どものことを考えますからね。以前はよく買い物に出かけていました。洋服はみんなが着ないような服がいいですね。やっぱりチャラいって言われますけど。以前は、そう言われると、あまりいい気はしなかったのですけど、今は自分のスタイルで通したいと思っているので、むしろそう言ってもらいたいくらいですね。スーツは移動のときに着ますが、オフなどに久しぶりに着ると気持ちがいい。自分が大人になっている気になります。

でも、体がどんどん大きくなっていて、12年シーズン後のあるパーティーに出ていたときにお尻の部分が破れてしまったんですよ。

髪型にもこだわりがあります。サイドを刈り上げて、ラインを入れます。たまに忘れてしまうんですけどね。こだわりと言えば、サングラス集めにハマッているときがありました。本当にサングラスは好きで、何個、買ったかわからない。いいなと思ってつい購入したら、すでに持っていたり。全部で30個以上ありました。

靴もけっこう買っていました。それで妻に何度も怒られました。何段もある靴の収納スペースは僕と妻とで分けているんですが、自分のところがいっぱいになってしまって、妻のところも使っていましたからね。僕は毎日、違う靴を履《は》きたいんですが、買いすぎでした。それで靴の収集はいったんやめようと決めたのに、買い物に行くと、欲しいものが出てきてしまう。これ、いいなと思って、妻に「この靴、どう?」と相談すると「全然ダメ。足が太いから似合わないよ」と取り合ってくれません。妻はこれ以上、靴を買わせないようにしていますから、絶対に買ってくれない。それでも、どうしても欲しくて、黙って買いに行った物もいくつかあります。もちろん家に持って帰れないですから、寮とか球場のロッカーに置いておく。でも、1度、バレそうになったことがありました。僕の遠征中に妻が台湾に行き、僕が遠征から戻ってくるときに合わせて帰ってくることがあったんですが、うっかり内緒にしていた靴を履いて帰宅してしまったのです。すでに妻は家に帰ってきていて、

「ヤバい、忘れていた」って。隠すものもなくて、知らないふりをして家に入りました。でも、妻は「その靴、なんなの？」って気づいてしまいました。あわてて「けっこう前に買ったやつだよ」とごまかしました。

同じようなことが腕時計でもあって、そのときは寮のロッカーに置いていたのですが、ケースは家の洗面所の下に隠していて、妻がたまたま見つけてしまいました。いつも寝るときに2人で話をするのですけど、急に「時計のケースがあったんだけど」と追及されて、とっさに「それは先輩のだよ。腕時計をバッグの中に入れると傷ついちゃうから、先輩のケースを借りていたんだよ」と嘘をついて、のがれました。その場は乗りきれたのですけど、後日また忘れて、こっそり買った腕時計をして家に帰ってしまい、その一件から、なにも買ってもらえなくなりました。

12年のオールスター第3戦で先制3ランを含む3安打4打点でＭＶＰになってもらった賞金３００万円も、「もし賞金をもらえたらあげるよ」と約束していたので、僕の手元には1円もなし。なんであんなこと言っちゃったんだろう……。

自分で好きなように使えるお金を手にするためにも、もっと頑張ります（笑）。

私が見た「陽岱鋼」の素顔

COLUMN

HARUKI NISHIKAWA

西川遥輝 内野手

「入念な準備が好結果を生んでいると思います」

ダイさんはすごいところがたくさんありますが、まず守備で言うと、打球に対する判断の良さであったり、ダイビングキャッチもそうですけど、球際の強さですね。

一緒に守っていて、この打球は抜けたかなという当たりでもセンターを振り返るとダイさんはすでにかなり追いかけていて、最後は捕ってくれる。そういうことがけっこう多いんです。守備範囲は12球団で1番か2番じゃないですかね。

体の強さも感じます。

大きなケガをしないですし、どこかが痛いと言いつつも、ずっと試合に出続けていました。2012年はパ・リーグで唯一の全試合フルイニング出場ですからね。ユニフォーム越しでもわかるくらい、鍛え抜かれた体をしています。さらに体が大きくなっているようですし、まだまだすごくなるんだと思います。

バッティングもパンチ力があって、自分のツボを持っているから、ピッチャーからしたら怖さがあるでしょうね。本当によく飛ばします。

13年春季キャンプの紅白戦で、2人ともセンターにホームランを打った試合があったんですけど、僕はフェンスギリギリのところで、ダイさんはバックスクリーンのスコアボードに当てちゃう。せっかく打ったのに、僕のホームランは形無しでしたね（笑）。

それから試合に向けた準備を入念にされています。あの素晴らしいプレーにはしっかりと準備をしていることが結びついているんだと思います。

イニングの合間にストレッチをしたり、1番バッターじゃなく6番、7番バッターのときでも、初回からベンチに帰ってきたらすぐにバットを持ってピッチャーとのタイミングを合わせていたりします。そうしたことを怠らないんですよね。

13年の春季キャンプはダイさんとも一緒に沖縄に先乗りしていたんですが、よく昼食に連れていってもらったりしました。

そのとき気づいたんですが、ダイさん、食べるスピードが速いんですよ。料理が来たらすぐにかき込むようにして食べるときもありましたし、一緒に話をしながら普通に食べているときでも、気づくとダイさんはもう食べ終わっているんです。僕はまだ半分くらい残っていて、「えっ⁉」と思って、あわてて食べました。

食べる量は多いときと、そうでないときがあって、そのときの気分によってなんでしょうけど、食べるときは本当によく食べますね。

普段のダイさんはクールな一面もありますし、ちょっとはっちゃけたところもあるのかなと思います。

自分というものを持っていて、まわりを気にするタイプではないと思いますし、集中するとずっと前だけを見つめてやっていて、ストイックさを感じさせるときもあります。

ですが、みんなで楽しんでいるときは、本当に盛り上がって大はしゃぎしたりもする。メリハリがつけられるんだと思います。そういうところはプレー面にも出ているんじゃないですかね。

3打席目まで凡退していて、今日は打たないのかなと思って見ていると、4打席目とかにきっちり1本打ったりできる。

切り替えがうまくて、最後まで集中力を保ったままやれているんでしょうね。

FIGHTERS

がんばろう!
日本

第6章 陽《ひ》の差すほうへ

～進化～

勝負をかけた5年目（2010年）のキャンプに入る前の自主トレでは、川﨑宗則さん（現トロント・ブルージェイズ）に頼んで一緒に練習をやらせてもらいました。毎年、毎年、ルーキーが入ってきて、入れ替えの早い世界。プレッシャーも感じて、練習をいっしょうけんめいやってはいたものの、うまくならない。練習のやり方とか、いろいろと考えないといけないなと思ってお願いしました。まだ年俸が少なかったため、気をつかってくれてホテル代なども川﨑さんが出してくれたのですが、頑張って自分でお金を出せるようになりたい。今年は活躍するしかない。改めて意を決して、キャンプインしました。

「ダメだったら引退します」

報道陣の方にも胸の内を語りました。退路を断って臨みたかったのです。

シーズンが進んでいくと、考え方も大きく転換していきました。この年は3割バッターが３人いるなど、チームの打線は好調でした。それならば、僕はバントの練習をしたほうがいいのかなと、必要とされるための道をさがすようになりました。そうすれば一軍で起用される幅が広がる。バントの練習をして、バスターの練習もしました。そうしたことの精度をもっと上げる。自分が一軍で生き残るためにどうすればいいかを必死で考えるようになったのです。

もともとバントはへたでした。それでも練習する僕の姿になにかを感じ取ってくれたのか、（田中）賢介さんが声をかけてくれました。

「ヤンはどうしてもバットを当てにいってしまう。スピードのある球に対して、バットを引きながら当てるだけでいい。方向とかは考えなくていい。球を転がして、ピッチャーに捕らせれば、絶対にランナーはセーフになるから」

ご紹介したように賢介さんだけ僕を「ヤン」と呼ぶんですね。それはさておき、ピッチャーに捕球されたら失敗になってしまうのではないかと最初は思いました。

しかし、実際にやってみると、ピッチャーに捕らせてもランナーを送ることができる。ピッチャーの中にはフィールディングがうまくない人もいるのです。

すごくうまいと思うのは、僕の中では埼玉西武ライオンズの涌井秀章投手くらい。ほかのピッチャーのときはピッチャーの前でもいいのだなと思えるようになり、それで気持ちの部分でも楽になりました。

一軍に必要とされる選手になることをけんめいに考え、実行していった結果、初めて1年間定着できました。シーズンを通して一軍のレギュラーの先輩たちを近くで見たことで、だから今まで僕は二軍にいたのだと納得させられ、自分はまだまだ力不足だと感じたのも事実です。上ってきた階段はまだまだ先が長いなと教えられましたが、翌年につながるシーズンにすることができました。

試合途中からの守備固めや代打、代走なども多かったものの、出場試合数は一気に109まで伸びました。また、9月は22試合の出場中16試合にスタメンで出て、月間打率は3割を超えたのです。

外野の守備は内野とは違う楽しさ、難しさがありますが、試合に出ながらすごく勉強できました。それにファンとも距離が近くなって、また違う喜びを感じることもできました。10年シーズンを終え、ようやく太陽の光が差し込んだ気分でした。

10年で一軍の雰囲気にも慣れ、11年は初めて開幕スタメンに選ばれました。まだ確固たるものはありませんでしたが、いけるんじゃないかなという自信が芽生えていました。それに結果を求めすぎなくなりました。一軍に残りたいという気持ちは変わりませんけど、気負いは小さくなったと思います。その分、プレーに集中できるようになりました。前の打席はこうだったから、今度はこうやって打つとか、考えられる余裕が出てきたんです。ライトのレギュラーの座をつかみ、主に１、２番で１４１試合に出場して、打率２割７分４厘、ホームラン６本、38犠打、失策０、19盗塁。盗塁失敗は２度だけで、成功率は９割を超える数字が残せました。

この年は飛ばないとされる統一球が導入されたシーズンだったのですが、僕は打つほうではまったく影響はありませんでした。ただ、守っているときには変化を感じました。それまでの球だったら頭を越されたと思う打球が、最後に失速して捕れることがあります。ですから、守備で良いプレーができる機会が増えたと思います。ファインプレーでアウトにされると打ったバッターは頭にきますから、そういうダメージも与えることができる。

12年シーズンに僕も1度やられたことがあって、やってはいけないのですが、ベンチに戻って悔しくてヘルメットを投げてしまいましたからね。ヒットと思ったら、飛びついて捕られた。ちょうど何試合か続けてヒットが出ていないときだったので、カッとなってしまいました。それと同時に僕がファインプレーをしたときの相手バッターの気持ちがわかったのです。当然ピッチャーも助かりますし、そういう守備は僕の武器だと思っています。

ゴールデングラブ

12年はさらに充実した1年間でした。レギュラーになって初めてのパ・リーグ優勝。日本シリーズは良い経験になりましたし、走、攻、守、すべてにおいて、少しずつですが、良くなったと思います。守備ではライトからセンターにポジションが変わりましたが、守備範囲が違うのでいろいろなプレーができる。それがうれしかったですし、やりながら楽しくなりました。

12年のベストプレーは5月20日の広島東洋カープとの交流戦。8回表の攻撃が終わって0対1だったのですが、8回裏にタイムリー2本で2点を追加され、さらに一死満塁から押し出しで0対4。これ以上点を取られてしまったら、かなり厳しいなと思っていました。バッターの石井琢朗さん（現広島一軍内野守備・走塁コーチ）は逆方向に打つのがうまいバッターなので、少しレフト寄りにポジションを移していました。

するとそのとおりに、正面前方のライナーが飛んできて、「流れを変えてやろう」と、一か八かで飛びつきました。グラブにおさまった打球をすぐにセカンドに送球して、二走もアウト。完全な負け試合で、しかもアウェイでしたが、9回表に一挙に5得点で大逆転勝利。先頭バッターだった僕はアウトになりましたが、加藤（政義）がエラーで出塁し、二死後から二岡（智宏）さんがタイムリーヒット。続く糸井（嘉男）さんのデッドボールを挟んで、小谷野（栄一）さんがタイムリー2ベースで1点差。さらに賢介さんがフォアボールでつないで、（中田）翔のタイムリー2ベースで同点。最後は稲葉（篤紀）さんのセカンドゴロを、相手がエラーして逆転。やっぱり野球は流れが大事なのだと改めて感じました。

このプレーは僕を外野手として大きくしてくれました。ダイビングキャッチは勝負をかけて行うプレーで、少しでも躊躇《ちゅうちょ》するとエラーになってしまうことが多い。しかも外野手が後逸すると、ランナーは一気に進んでしまう。それでも勇気を持ってチャレンジして捕球できたことで一歩前に進めたと思いますし、このバッターならここに飛んできそうだなという予測も自信を持ってできるようになりました。自分の判断で守備位置を変えたり、守りが楽しくなってきましたね。ファイターズはセンターが中心になって、ライトとレフトに指示を出します。翔はとくに指示をしなくても大丈夫ですけど、経験が浅い選手が守るときなどは力になりたいですね。

10月18日のクライマックスシリーズファイナルステージの第2戦でのプレーも印象深いです。1対0とリードした6回表1死三塁。ホークスの内川聖一さんが打ち上げたセンターフライでタッチアップした松田宣浩さんを刺しました。

実はあのときは右肘《みぎひじ》を痛めていて、全力で投げることを控えていました。その日のシートノックも外れていました。肘の痛みは隠して、足の調子が良くないということにしていたのですが、ホークスはどこからか情報が入っていたのでしょうね。捕球したのは浅めの位置だったのに走ってきました。それでも、あの距離でホームを狙われるというのは、ナメられているなと感じ、奮起しました。ベンチに帰ったあと、糸井さんや翔、コーチにも「あの浅さで走られたら終わりだぞ」と言われました。大事な場面でしたし、刺すことができてうれしかったです。

肘の痛みは夏場くらいから始まっていて、トレーナーや外野守備・走塁コーチだった清水雅治さん（現千葉ロッテ一軍外野守備・走塁コーチ）と話し合って球を投げる数を減らしていました。清水さんには毎日スローイング練習をしていただき、ストレッチをしてくれた日もありました。すごく助けていただきました。送球に不安を抱えていては、大事な場面でランナーの本塁生還を許してしまうかもしれない。それでチームも負けてしまうかもしれない。それでも栗山英樹監督は僕のことを信じてくれて、コーチも、チームメイトもみんな信じてくれて。本当にみんなに感謝しています。

栗山監督にはシーズンを通して、「この1年間は、どんなケガをしても、俺は絶対におまえを出し続けるから」と何度も言っていただきました。その言葉はすごく力になりました。栗山監督は僕に限らず1人ひとりに声をかけてくれるなど、選手を本当に大事にしてくれます。

12年のキャンプ前、糸井さんと僕と翔で、「今年は絶対に3人でゴールデングラブを獲ろう」と、清水さんと誓い合っていました。翔は惜しくも受賞できませんでしたけど、13年以降は一緒に選ばれたいですね。ゴールデングラブは1回だけでは満足できません。何回でも獲りたいですね。

進化し続けるために

不思議なもので、守備が良くなると、バッティングも良くなります。守備の不安がなくなるからなのでしょうね。12年は打率も上げることができました。それだけでなく、1点を取るために、どう打つべきかなど、考えながらバッティングできるようになってきました。まだ力が足りないので、どうしても自分のバッティングを考える時間が多くなってしまうのですけど、もっともっとチームのためのバッティングを考えていきたいです。

バッティングフォームも、いいものをさがし続けています。まだ自分の本当の形がこれだというものは見つかっていないこともあり、シーズン中でもマイナーチェンジを繰り返しています。いい感じになって、これでいこうかなと思うんですけど、また頭の中では違う打ち方を考え始めてしまう。いいかなと思っているのに、こういうのはどうかな、とまた考えてしまう。それで練習で取り入れてみると、「これ、いいな」となることがあるんです。そうやって考えるのが好きなんですよね。ほかの選手を見ていると、フォームが1つでいいなと思いますが、僕の場合はそれだとなにか足りない気がしてしまうのです。

加えて、12年の自分のバッティングフォームをＤＶＤで見比べると、シーズン当初は構えたときのバットの位置が体の近くにあったんですけど、夏場になるとそれが離れていたり、背中も少し猫背になっていたり。無意識のうちに変わってしまうこともあるので、そういう意味でもそのとき、そのときで対応できるように、いろいろな方法があったほうがいいのかなと考えています。このフォームで打ったらこういうバッティングができる、この打ち方だったら、こういう打球が飛ぶとか違いがあるんです。バッティングは不思議ですよね。体が疲れているときは、ゆったりとしたフォームにしたほうがいいんじゃないかなとか、変えることで感覚的なことがわかることもあります。

ですから、練習ではヒントを得ようとして、ほかの選手の真似をして打つこともあります。自分のフォームだと、このコースはバットが出しにくいなとか、どうしたらいいかわからないところもあります。そんなとき、ほかの選手のバッティングフォームで打ってみることで、例えば肘の抜け方とか、左手のリードの仕方、足の使い方など、体を使って試してみます。それで、いいなというものを吸収しています。

11年は中島裕之さん（現オークランド・アスレティックス）の打ち方をベースにして1年間やっていました。途中で内川さんの真似をしたところもあって、結果が出ました。12年は糸井さんの打ち方を少しイメージして打ってみたら、調子を取り戻せたんです。そういう引き出しを増やしておくことは、いろいろな状況で役に立つと思っています。

それだけではなく先輩とか後輩は関係なく、考えを教えてもらったりもします。自分にプラスになると思ったら、ジッとしていられないです。翔とはロッカーが隣同士なのでお互いの考え方を話し合ったりしますし、杉谷（拳士《けんし》）とか、（西川）遥輝《はるき》とかにも、バッティングについて聞いたりもします。年齢は関係ないです。バットコントロールとか、彼らもすごいですからね。僕ができないことを、彼らがどうしてできるのかを教えてもらいます。とにかくうまくなりたいんです。

そのためなら、ほかの球団の先輩でも聞きに行きます。初めてファイターズ以外の選手でお願いしたのは山﨑武司さん（現中日）。ちょうど山﨑さんが、東北楽天でホームラン王を獲得した08年。あれだけバットを軽く振っているのにどうしてあんなに飛距離が出るのかということを知りたいと思っていたのですが、最初は正直ビビッてしまって、どう声をかけていいのかわからないでいました。ですが、試合前に解説者の高木豊さんが山﨑さんといるときに僕を呼んでくれて、話を聞くことができたのです。

山﨑さんの答えはとてもシンプルで、「とにかく練習でボールをバットの芯でしっかり捕らえるようにすればいい。そうすれば絶対に飛んでいくから。力はいらないんだよ」と教えていただきました。のちのちに聞いたら、山﨑さんは僕のように他球団の選手が聞きに来ることはないから、こいつは珍しいやつだなと思って教えてくれたそうです。

それ以来、相手チームの選手でも声をかけてみても良いのだと思いました。

ホークスの松田さん、マリーンズの角中勝也選手にも聞きに行きました。松田さんはティーバッティングで球の下をこすって高く上げる打ち方をします。それを見て、どういう意図があるのかと教えてもらい、真似してみたことがありました。オールスターでは角中選手に話を聞きました。彼は打席ですごいホームベースに寄って立つのですが、そうすることで「アウトコースが真ん中に見える」そうです。彼はインコースが得意でうまく引っ張って打てるから、それができるんですよね。しかもバットをコンパクトに振っているのに、強い打球を打ってくる。ヘッドの返し方がうまいのだと思います。

それから、ホークスの内川さんはバットコントロールがすごいですね。難しい球とか、速い球は逆方向で内野手と外野手のあいだに落とすのもそうですし、アウトコースの変化球をレフトに持っていける。僕は変化球を引っ張ると、どうしてもひっかけてしまうことが多いのです。それで、内川さんはどんなことを意識してやっているのかなって、練習で見たりします。目で盗むことも大事ですから。

11年にバッティングのベースにさせてもらった中島さんは、とくに影響を受けた1人です。右ピッチャーのスライダーをうまく打てなくて悩んでいたときに、中島さんに試合前にあいさつに行ったら、バッティングの話になって、「スライダーの対処に悩んでいます」と打ち明けました。僕は右方向に逆らわずに打とうと考えていて、タイミングが少し早いとサードゴロやショートゴロに打ち取られることが少なくなかったのです。そうしたら、「とりあえず、うまく打とうとせずに引っ張ってみたら。タイミングが少し早いときは三遊間に、芯で捕えたらショートの頭の上を越えていく打球になる。やってみたらどう」と教えてもらい、練習で引っ張って打ってみたんです。その感じが良かったので、試合でもその狙いで打ってみたら、スライダーを2本ヒットにすることができました。

中島さんが言ったとおり、ショートの頭の上を飛んでいくヒットと、三遊間のヒット。「これなんだ！」って。引っ張る意識だとリストをしっかり使えるので、バットのヘッドも走って、強い打球が飛ぶんです。中島さんには配球のことも教えていただいたのですが、そのときも次の試合で3安打か4安打で3打点。中島さんは神様だと思いました。

誰かにアドバイスをもらうと、すごく新鮮で前向きな気持ちになれるので、すぐやってみます。変えることは怖くありません。良くなる可能性に期待して、素直に試してみたくなりますね。なぜなら常に進化していたいからです。

成績もそのときのものに満足することなく、もっともっといけると信じて目標を持ってやっています。まだ上に行ける、まだ上に行けると。

打率なら12年は2割8分7厘でしたから、2割9分、3割を打ちたいなと思っています。3割を超えることは1つの区切りとしていて、そういうバッティングを目指しています。そして、大きな目標としては3割、ホームラン30本、30盗塁の「トリプル3」。決して簡単なことではないとわかっていますが、達成してみたいですね。

そのために、まずは1つクリアをすることだと思っています。3割を打って、次は30盗塁。この2つは、自分にとって近い目標かなと感じています。この2つを先にクリアして、そこからホームラン30本を追い求めていきたいです。

1番

12年は6番がもっとも多かった打順ですが、終盤は1番に定着しました。個人的には1番バッターを目指したいと考えています。1という数字も好きですし、やっぱりなんでも1番がいいです。背番号も新たに1になりましたしね。新庄（剛志）さん、（森本）稀哲《ひちょり》さんがつけていた番号ですから、重みを感じています。でも、新庄さんは新庄さん、稀哲さんは稀哲さんなので、自分なりの背番号1の選手像を作っていけたらなと思っています。背番号1といったら、陽と言われるようになりたいです。

そして、なにより頂点に立ちたい。12年に日本シリーズでジャイアンツに敗れたことは本当に悔しかったです。

ファイターズの1番バッターとジャイアンツの1番バッターの差が大きかった。長野《ちょうの》久義さんを見ていて勉強になりましたし、どこに違いがあったのかと考えました。そして自分なりの答えも見つけました。それは、やっぱりチームのことをしっかり考えてプレーすること。長野さんはそれができていました。僕はその部分がまだ足りませんでした。

長野さんはすごいバッターですし、僕もそういうバッターと呼ばれるようになりたい。ずっと誰かのことをすごい、すごいと言っているのですが、逆に「陽はすごい」と言われるようにならないといけないと思っています。

日本シリーズのチャンピオンフラッグをのがした悔しさは、同じ舞台で勝たなければ消すことはできません。パ・リーグ連覇、そして、日本一奪還を目指してこれからも頑張っていきます!!

あとがき

２０１３年はＷＢＣ（ワールド・ベースボール・クラシック）も経験し、背番号も新しくなるなど、僕にとってさらなるステップアップのシーズンにしたいと思っています。また、これまで以上に外野陣だけでなく、チームを引っ張っていく立場になることも自覚しています。プレー面はもちろん、明るさの部分でもみんなを牽引していくつもりです。

ファンの方には「試合中でも陽選手は笑っている。自分の仕事を本当に楽しんでいるんだな」と言ってもらえるように、笑顔を大事に前向きな姿勢を見せていきたいと思っています。

悔しがることはありますけど、怒ったり、イライラしたりするようなネガティブな感情は表に出さないようにしています。ファンの方は選手のそんな姿は見たくないと思いますから。見に来てくれているファンの方にも楽しんでもらいたいですし、感謝の気持ちを笑顔で伝えたいです。僕の名前を呼んでくれる方、手を振ってくれる方に、できる限り、手を振り返そうと心がけています。選手が笑って、それを見てファンの方も喜んで、笑ってくれる。1人でも多くの方と、そんな笑顔のキャッチボールがしたいと思っています。
ぜひ、球場に僕のプレーを、笑顔を見に来てください!!

最後になりましたが、本書を出版するにあたり、たくさんの方々にお世話になりました。練習後で疲れているにもかかわらず、快く取材に応じていただいた稲葉さん、久さん、吉川、翔、遥輝《はるき》。そしてお忙しい中、ご尽力賜《たまわ》りました北海道日本ハムファイターズ、廣済堂出版の関係者の方々をはじめ、関わっていただいたすべての方々に御礼を申し上げます。本当にありがとうございました。

2013年5月

陽 岱鋼

DAIKAN YOH

打点	盗塁	盗塁死	犠打	犠飛	四球	死球	三振	併殺打	打率	出塁率	長打率
10	3	2	4	0	2	1	30	0	.239	.259	.349
4	1	0	4	1	6	1	31	3	.144	.193	.216
0	0	0	1	0	1	0	3	0	.182	.250	.182
31	8	1	10	2	12	4	70	4	.245	.288	.340
36	19	2	38	1	22	5	**134**	5	.274⓬	.308	.365
55	17	6	18	5	37(1)	6	123	10	.287❾	.337	.398
136	48	11	75	9	80(1)	17	391	22	.261	.303	.359

外野

試合	刺殺	補殺	失策	併殺	守備率
−	−	−	−	−	−
−	−	−	−	−	−
10	3	0	2	0	.600
96	127	3	1	0	.992
139	252	7	0	3	**1.000**
144	**322**	4	3	1	.991
389	704	14	6	4	.992

〈表彰〉

NPB

- **ゴールデングラブ賞**：1回（外野手部門／2012年）
- **オールスターゲームMVP**：1回（2012年第３戦）
- **オールスターゲーム敢闘選手賞**：1回（2012年第1戦）

台湾（チャイニーズ・タイペイ）代表

- 第3回WBC（ワールド・ベースボール・クラシック）
台中《タイジョン》ラウンドMVP（2013年）

- **オールスターゲーム出場**：1回（2012年）
- **オールスターゲーム初打席先頭打者本塁打**：2012年第１戦
（7月20日、京セラドーム大阪）
1回裏に杉内俊哉から（史上２人目）
- **WBC台湾代表選出**：２回（2006年、2013年）

#1
DAIKAN YOH

Results 年度別成績ほか

◉陽岱鋼　年度別打撃成績（一軍）

※太字はリーグ最高。丸囲み内は順位。カッコ内は敬遠

年度	チーム	試合	打席	打数	得点	安打	二塁打	三塁打	本塁打	塁打
2007	日本ハム	55	116	109	12	26	8	2	0	38
2008	日本ハム	44	123	111	7	16	0	1	2	24
2009	日本ハム	15	13	11	2	2	0	0	0	2
2010	日本ハム	109	281	253	35	62	12	3	2	86
2011	日本ハム	141	603	537	66	147	23	4	6	196
2012	日本ハム	**144**	599	533	71	153	28	5	7	212
通算		508	1735	1554	193	406	71	15	17	558

◉年度別守備成績（一軍）

三塁

年度	試合	刺殺	補殺	失策	併殺	守備率
2007	26	8	51	3	4	.952
2008	17	11	27	3	3	.927
2009	–	–	–	–	–	–
2010	–	–	–	–	–	–
2011	–	–	–	–	–	–
2012	–	–	–	–	–	–
通算	43	19	78	6	7	.942

遊撃

試合	刺殺	補殺	失策	併殺	守備率
21	19	28	3	4	.940
25	24	47	6	11	.922
–	–	–	–	–	–
3	0	1	0	0	1.000
–	–	–	–	–	–
–	–	–	–	–	–
49	43	76	9	15	.930

〈個人記録〉

- **初出場・初先発出場**　2007年４月20日、対福岡ソフトバンク３回戦（東京ドーム）、７番・三塁手として先発出場
- **初安打**　2007年４月25日、対千葉ロッテ４回戦（札幌ドーム）、３回裏に久保康友からライト線二塁打
- **初打点**　2007年４月29日、対東北楽天８回戦（フルキャストスタジアム宮城）、２回表に青山浩二からレフト前タイムリーヒット
- **初盗塁**　同上、２回表に二盗
- **初本塁打**　2008年４月29日、対千葉ロッテ７回戦（千葉マリンスタジアム）、７回表に成瀬善久から

陽岱鋼
メッセージBOOK
―陽思考―
DAIKAN YOH MESSAGE BOOK

2013年6月15日　第1版第1刷

著者……陽岱鋼

協力……株式会社 北海道日本ハムファイターズ
株式会社 スポーツビズ
企画・プロデュース……寺崎敦（株式会社 no.1）
構成……鷲崎文彦
撮影……石川耕三
ブックデザイン……坂野公一（welle design）
DTP……株式会社 三協美術
撮影協力……麻布 楓林
編集協力……矢島規男　松本恵
編集……岩崎隆宏（廣済堂出版）

発行者……清田順稔
発行所……株式会社 廣済堂出版
〒104-0061 東京都中央区銀座3-7-6
電話　編集 03-6703-0964／販売 03-6703-0962
FAX　販売 03-6703-0963
振替　00180-0-164137
URL　http://www.kosaido-pub.co.jp
印刷所・製本所……株式会社 廣済堂

ISBN978-4-331-51736-9 C0075

©2013 Daikan Yoh　Printed in Japan

定価は、カバーに表示してあります。
落丁・乱丁本はお取替えいたします。
本書掲載の写真、文章の無断転載を禁じます。

メッセージBOOK シリーズ　好評既刊

森福允彦
メッセージBOOK
―気持ちで勝つ!―
森福允彦著
ピンチに打ち勝つ
強さの秘密。

山口鉄也
メッセージBOOK
―鋼《はがね》の心―
山口鉄也著
鉄から鋼《はがね》へ、
成長の裏側。

長野久義
メッセージBOOK
―信じる力―
長野久義著
思いを貫く
野球人生の哲学。